주민 권력

주민 권력

세계-내-존재로서 주민이 만드는 권력

박태순 김경숙 지음

글통

국가는 실패하였는가?

아니다. 국가는 실패하지 않았다. 오히려 심각한 과부하에 빠졌다.

국가는 무능해서 길을 잃은 것이 아니라, 오히려 지나치게 성공한 나머지 자신이 감당할 수 없는 삶의 미세한 부분까지 떠안게 되었고, 이제는 과부하에 걸려 허우적거리고 있을 뿐이다.

우리는 오랫동안 삶의 문제가 해결되지 않을 때마다 국가의 실패를 말해 왔다. 복지는 늘었지만 불안은 줄지 않았고, 제도는 정교해졌지만 삶은 더 복잡해졌다. 갈등은 일상이 되었고, 사람들은 서로를 이해하기보다 피하거나 적대한다. 이 모든 현상을 두고 우리는 쉽게 국가의 무능, 제도의 한계를 지적하곤 한다.

그러나 이 책의 진단은 다르다. 국가는 실패하지 않았다.

문제는 실패가 아니라 과부하다. 국가는 무능해서 길을 잃은 것이 아니라, 오히려 너무 많은 삶의 문제를 떠안은 나머지 자신이 감당할 수 없는 미세한 문제들 속에서 길을 잃었다. 돌봄의 방식, 관계의 갈등, 지역의 변화, 삶의 불안까지 국가가 판단해야 할 문제로 전환되면서, 국가는 과잉 개입의 미로에 빠졌다.

이 과정에서 사라진 것은 국가의 능력이 아니라, 사람들의 판단 능력이다.

오늘날 시민은 많아졌지만, 삶의 주체는 약해졌다. 참여 제도는 확대되었고, 말할 수 있는 통로도 늘어났지만, 정작 자신의 삶에 대해 문제를 판단하고 책임지는 힘은 제도에 밀려 점점 사라지고 있다. 우리는 삶의 문제를 스스로 다루기보다 요구하고, 위임하고, 중재를 요청하는 데 익숙해졌다. 그 결과 삶의 판단은 국가와 제도로 집중되고, 시민과 주민은 참여자나 수혜자의 위치에 머무르게 되었다.

이 책은 이러한 현실을 '무능'이라는 단어로 설명하지 않는다. 대신 묻는다. 왜 우리는 삶의 문제를 더 이상 스스로 판단하지 않게 되었는가? 어디에서 판단의 힘은 사라졌는가?

이 질문에 답하기 위해 이 책은 '시민'이라는 추상적 범주 대신 '주민'이라는 존재 방식에 주목한다. 주민은 제도 속에서 만들어진 역할이 아니라, 이미 세계 속에서 살아가며 관계를 맺고, 갈등을 겪으며, 선택을 해 온 존재다. 주민은 특정한 삶의 자리에서 문제를 경험하고, 타인과 부딪히며, 이미 판단하고 있다. 다만 그 판단이 공적인 힘으로 축적되지 못했을 뿐이다.

이 책이 말하는 주민 권력은 누군가에게 주어지는 권한이 아니다. 그것은 직책이나 법적 지위에서 나오지 않는다. 주민 권력은 관계 속에서 만들어진다. 누가 말할 수 있는지, 어떤 경험이 문제로 인정되는지, 어떤 판단이 집단의 판단으로 받아들여지는지의 과정을 거치며 권력은 형성된다.

이 책은 세 부분으로 구성된다. 1부는 오늘의 위기를 '국가 실패'로 설명하는 통념에 문제를 제기한다. 국가는 무능해진 것이 아니라, 오히려 지나치게 많은 판단을 떠맡아 왔다. 근대 이후 삶의 문제는 점점 국가의 언어로 번역되었고, 복지와 행정의 확장은 삶의 판단을 국가로 집중시키는 결과를 낳았다.

이 과정에서 국가는 더 많은 책임을 지게 되었지만, 삶의 문제는 더 세밀해지고 복잡하게 변하였다. 국가는 모든 문제를 제도와 정책으로 처리하려 했고, 그 결과 오늘날 국가는 스스로도 통제하기 어려운 과부하 상태에 놓이게 되었다. 1부는 이 과정을 통해, 오늘의 위기가 '국가의 무능'이 아니라 판단의 집중과 과잉 개입이 만들어낸 구조적 결과임을 밝힌다.

2부는 이 과부하 상태 속에서 시민과 주민의 위치가 어떻게 변화했는지를 분석한다. 참여 제도는 확대되었고, 시민의 권리는 제도적으로 보장되었지만, 역설적으로 시민은 자신의 삶에서 판단하는 주체로 남지 못했다. 우리는 점점 더 많은 참여를 하지만, 점점 더 적게 판단한다.

이 책은 이러한 상태를 극복하기 위해 '시민'이라는 추상적 범주 대신 '주민'이라는 존재 방식에 주목한다. 주민은 제도에 의해 만들어진 역할이 아니라, 이미 세계 속에서 살아가며 관계를 맺고 문제를 경험하는 존재다. 주민은 삶의 자리에서 이미 판단하고 있지만, 그 판단은 공적인 힘으로 축적되지 못한 채 사적 감정이나 관계 갈등으로 흩어져 왔다.

또한 주민 집단 내부와 집단 간에서 벌어지는 인정 투쟁과 경계 투쟁을 통해 권력이 어떻게 형성되고 왜곡되는지를 분석한다. 권력은 소유하는 것이 아니라, 관계 속에서 만들어지는 것이다. 누가 말할 수 있는지, 어떤 경험이 문제로 인정되는지, 어떤 판단이 집단의 판단으로 승인되는지의 과정 속에서 주민 권력은 생성되거나 소멸된다.

3부는 주민 권력이 실제로 형성되기 위한 조건을 탐구한다. 이 책이 말하는 권력은 제도를 대체하거나 국가를 밀어내기 위한 권력이 아니다. 그것은 국가가 감당할 수 없는 삶의 문제를 다시 삶의 자리로 되돌려 놓기 위한 판단의 권력이다. 판단을 통해 주민 권력을 형성하는 공간이 공론장이다.

따라서 공론장은 참여가 목적인 토론회나 설명회 등과는 전혀 다른 공간이다. 이 책에서 공론장은 갈등을 없애는 공간이 아니라, 갈등 속에서도 주민 집단이 하나의 판단 체계 안에서 움직일 수 있도록 궤도를 안정화하는 장치라고 말한다. 공론장은 합의를 강제하지 않으며, 집단을 조용하게 만들지도 않는다. 대신 무엇이 문제인지, 어떤 기준으로 판단할 것인지, 그 판단의 책임을 누가 질 것인지를 함께 구성한다.

삶의 영역에서 공론장이 작동할 때, 주민은 더 이상 요구자나 참여자에 머물지 않는다. 주민은 문제를 정의하고 판단하며 책임지는 권력의 주체로 다시 등장한다. 3부는 이러한 공론장의 작동 원리와 갈등의 궤도화 과정을 통해 주민 권력이 어떻게 지속적으로 형성될 수 있는지를 말한다.

이 책은 국가를 부정하지 않는다. 제도를 폐기하자고 말하지도 않는다. 대신 이 책은 질문의 방향을 바꾼다. 어떤 문제는 국가가 판단해야 하고, 어떤 문제는 주민이 판단해야 하는가? 삶의 영역에서 사라진 판단은 어떻게 다시 회복될 수 있는가?

이 책은 주민을 새로운 영웅으로 호명하지 않는다. 다만 주민이 이미 가지고 있었지만 오랫동안 사용하지 못했던 판단의 능력과 관계 속에서 만들어지는 권력의 가능성을 다시 드러낸다. 민주주의를 제도에서만 찾지 말고 삶의 자리에서 다시 시작하자는 제안, 권력을 소유가 아니라 관계와 판단의 문제로 다시 사유하자는 요청, 그리고 주민을 관리 대상이 아니라 세계 속에서 판단하고 책임질 수 있는 존재로 다시 바라보자는 제안이 이 책의 핵심이다.

박태순, 김경숙

목차

| CONTENTS |

2부 시민에서 주민으로 권력 주체의 전환

목차

1부

국가의 과부하와
기존 권력 담론의 붕괴

제1장 왜 삶의 문제가 모두 국가로 향하게 되었는가
 ― 삶의 판단이 주민에서 국가로 이동해 온 역사

1. 다시 생각하기: 국가는 왜 항상 삶의 문제 앞에 서게 되었는가

오늘날 한국 사회에서 삶의 문제는 거의 예외 없이 국가를 향한다. 돌봄의 공백이 발생하면 정책을 요구하고, 주거 불안이 심화되면 제도 개편을 요청하며, 지역이 어려움에 직면하면 국가 차원의 대책을 기대한다. 이러한 반응은 특정 시기나 특정 계층의 태도가 아니라, 사회 전반에 깊이 각인된 인식 구조에 가깝다. 삶의 문제는 사적인 문제가 아니라 공적인 문제이며, 공적인 문제는 국가가 책임져야 한다는 전제를 거의 의심하지 않는다.

그러나 이 전제는 결코 자명하지 않다. 국가는 언제부터 삶의 문제를 떠안는 존재가 되었는가. 국가는 왜 삶의 문제에 대해 판단해야 하는 위치에 놓이게 되었는가. 이 질문을 단순히 '국가가 커졌기 때문'이나 '복지가 확대되었기 때문'으로 설명하는 것은 충분하지 않다. 중요한 것은 국가의 역할 확대 이전에, 삶의 문제를 판단하는 주체가 이동했다는 점이다.

이 장에서는 국가가 삶의 문제를 떠안게 된 현상을 국가의 실패나 무능으로 보지 않는다. 오히려 삶의 영역에서 판단의 권한이 국가로 이동한 역사적·구조적 과정의 결과로 설명하고자 한다. 국가는 어느 날 갑자기 삶의 문제를 장악한 것이 아니라, 사회가 스스로 판단의 부담을 국가로 이전해 온 결과로 그 자리에 서게 된 것이다.

2. 근대 이전 사회에서는 삶의 문제를 어디에서 판단하였는가

근대 이전 사회에서 삶의 문제는 국가의 핵심 과제가 아니었다. 질병, 노령, 빈곤, 갈등은 언제나 존재했지만, 이를 중앙에서 통합적으로 판단하고 해결하는 주체는 없었다. 삶의 문제는 가족, 친족, 마을, 종교 공동체 등 관계적 구조 속에서 다루어졌다.

이 시기 삶은 불안정했고, 보호는 불균등했다. 그러나 한 가지 점만큼은 분명했다. 삶의 문제를 판단하는 주체와 그 결과를 감당하는 주체가 분리되지 않았다는 점이다. 누가 돌볼 것인지, 누가 책임질 것인지는 추상적 규칙이 아니라 관계와 맥락 속에서 결정되었다.

삶의 문제는 표준화될 수 없는 구체적 상황으로 인식되었고, 판단은 언제나 특정한 사람들 사이에서 이루어졌다. 이 판단은 완벽하지 않았지만, 반복되며 축적되었다. 실패는 외부로 전가되지 않았고, 공동체 내부의 경험으로 남았다. 삶의 문제는 제도 이전의 문제였고, 판단은 삶의 일부였다.

3. 국가가 삶의 문제를 판단하게 되었다

근대 국가의 등장은 삶의 문제를 전혀 다른 방식으로 재구성했다. 국가는 개인이 아니라 인구를 관리 대상으로 삼았고, 삶은 통계와 지표를 통해 파악되기 시작했다. 출생률, 사망률, 질병률, 노동력은 국가가 개입해야 할 영역으로 정의되었다.

이 변화는 분명 진보적이었다. 삶의 위험은 더 이상 개인의 불운이나 공동체 내부의 문제로만 남지 않았고, 공적 책임의 대상이 되었다. 국가는 생존을 보호하는 주체로서 정당성을 획득했고, 삶은 제도적 보호를 받을 수 있는 영역으로 확장되었다.

삶의 문제에서는 판단도 중요하지만, 직접 감당하는 것 역시 중요하다. 주민들은 원래 자신이 감당할 수 있는 만큼만 판단한다. 판단과 감당은 떨어져 있는 것이 아니라 서로 맞

물려 있다. 그런데 국가가 판단의 주체가 되면서 큰 변화가 생겼다. 판단과 감당이 분리된 것이다. 삶의 문제는 더 이상 '누가 이 문제를 떠안을 것인가'의 문제가 아니라, '누가 판단할 것인가'의 문제로 바뀌었다. 국가는 보호를 담당하는 존재이면서 동시에 무엇이 문제인지, 어떤 위험이 중요한지, 어떤 개입이 옳은지를 정한다. 이렇게 국가는 삶의 문제를 판단하는 중심 자리에 서게 되었다.

4. 주민은 판단의 주체에서 멀어져갔다

삶의 문제는 점차 국가의 언어로 번역되었다. 돌봄은 서비스의 문제로, 고립은 복지 사각지대의 문제로, 갈등은 이해관계 조정의 문제로 재정의되었다. 이 번역 과정은 삶을 가시화하는 동시에, 삶의 판단을 제도 내부로 흡수했다.

중요한 점은 이 변화가 강압적으로 이루어지지 않았다는 사실이다. 오히려 많은 경우 주민들은 국가의 개입을 환영했다. 제도는 불확실성을 줄여주었고, 개인의 부담을 경감시켜 주었다. 판단은 점차 전문성과 규칙의 문제로 이동했고, 그 외의 삶의 문제는 '알아서 처리되는 것'이 되었다.

이 과정에서 주민은 삶을 살아가는 존재로 남아 있었지만, 삶을 판단하는 주체로서의 위치에서는 점점 멀어졌다. 판단은 제도의 몫이 되었고, 주민은 그 판단의 결과를 수용하거나 요구하는 존재로 재위치되었다.

5. 국가에 의한 판단이 한동안은 유효했다

서구 사회에서 복지국가가 비교적 안정적으로 작동하던 시기에는, 이러한 판단 구조가 문제로 인식되지 않았다. 국가는 삶의 문제들을 일정 부분 효과적으로 해결했고, 제도는 실제로 사람들의 생활 수준을 개선하는 성과를 거두었다. 이 시기에는 판단이 국가에 집중되는 것이 비효율이 아니라 오히려 효율적인 방식으로 받아들여졌다.

하지만 이러한 안정은 자연스럽거나 영구적인 상태가 아니었다. 그것은 특정한 사회적 조건 위에서만 가능했다. 가족 구조가 비교적 안정되어 있었고, 장기 고용이 일반적이었으며, 지역 공동체가 유지되고 있던 상황에서 국가는 삶의 문제를 일정한 기준으로 분류하고 처리할 수 있었다. 다시 말해, 개인의 삶이 크게 흔들리지 않고 일정한 틀 안에 있을 때, 국가의 표준화된 판단 체계는 삶의 문제들을 흡수하며 비교적 원활하게 작동할 수 있었다.

이러한 조건들이 유지되는 동안에는, 삶의 문제를 국가가 판단하고 조정하는 구조가 큰 마찰 없이 작동했다. 그러나 진짜 문제는 그 이후에 발생했다. 가족은 해체되기 시작했고, 고용은 불안정해졌으며, 지역 공동체는 약화되었다. 삶은 점점 더 개인화되고, 상황에 따라 달라지며 불안정해졌지만, 국가의 판단 구조는 그 변화에 맞춰 조정되지 않았다.

사회적 조건은 무너졌음에도 불구하고, 삶의 문제를 판단하는 방식은 여전히 중앙에 머물렀다. 삶은 점점 표준화될 수 없는 방향으로 변해갔지만, 판단은 여전히 중앙집중적인 구조를 유지한 채 작동하고 있었던 것이다.

6. 삶은 복잡해졌지만 판단 구조는 그대로였다

고령화의 심화, 1인 가구의 증가, 가족의 해체, 노동의 불안정화, 그리고 지역 공동체의 약화는 삶의 문제 자체를 근본적으로 바꾸어 놓았다. 삶은 과거처럼 고정된 틀 안에서 예측 가능한 문제가 아니라, 조건과 관계에 따라 양상이 완전히 달라지는 문제가 되었다. 돌봄 역시 단순히 서비스를 제공하는 문제가 아니라, 관계가 끊어지지 않고 이어질 수 있는가의 문제로 바뀌었다. 고립과 불안은 정책 항목이나 지표만으로는 충분히 포착할 수 없는 삶의 경험이 되었다.

그러나 국가 중심의 판단 구조는 이러한 변화를 따라가지 못했다. 국가는 더 많은 제도를 만들고, 정책을 더욱 세분화하는 방식으로 대응했지만, 삶의 문제는 오히려 점점 표준화될 수 없는 방향으로 전개되었다. 이로 인해 국가는 실제로는 감당하기 어려운 삶의 문제들을 마치 떠안고 있는 것처럼 보이는 상황이 만들어졌다.

중요한 점은 국가는 스스로 판단의 자리에서 물러난 적이 없다는 사실이다. 국가는 여전히 삶의 문제를 판단하는 중심 자리를 유지한 채, 문제를 해결하는 부담만을 조정해 왔다. 그 결과 삶의 문제는 계속해서 국가의 언어로 정의되었고, 주민들이 가진 판단은 제도적 절차 속에서 점점 주변으로 밀려나게 되었다.

7. 국가는 왜 판단의 자리를 내려놓지 않는가

국가는 단순히 고집이 세서, 혹은 의지가 강해서 판단의 자리를 놓지 않는 것이 아니다. 국가는 권력을 유지하는 방식 자체 속에서 판단의 중심을 계속 붙잡고 있다. 역할을 일부 조정하고, 정책 수단이나 행정 방식을 바꾸며, 참여나 거버넌스를 확대하는 것처럼 보이기도 한다. 하지만 삶의 문제를 누가 판단할 것인가라는 핵심은 바깥으로 넘기지 않는다. 판단의 중심은 여전히 국가 안에 남아 있다.

이 문제는 특정 정부나 정책 담당자의 선택이라기보다, 국가라는 존재가 작동하는 구조와 관련되어 있다. 국가는 사회의 다양한 문제를 판단하고 조정하는 존재로서 정당성을 얻어 왔다. 만약 국가가 '이제 우리는 삶의 문제를 판단하지 않겠다'고 선언하는 순간, 국가는 스스로의 존재 이유를 흔들게 된다. 판단의 자리를 내려놓는 것은 단순한 역할 축소가 아니라, 정당성의 근거를 포기하는 일이 되기 때문이다.

그래서 국가는 삶의 문제를 완전히 통제하거나 해결할 수 없다는 사실을 알고 있음에도, 판단의 언어와 기준만큼은 계속 유지하려 한다. 문제를 다 해결하지 못하더라도, 무엇이 문제인지, 어떤 위험이 중요한지, 어떤 대응이 필요하다고 볼 것인지는 여전히 국가가 정한다. 이 과정에서 국가는 사라지기보다는 오히려 더 많은 문제 앞에 호출된다.

그 결과, 국가는 삶의 모든 영역에서 끊임없이 호출되는 존재가 되었다. 국가가 감당할 수 있는 범위를 넘어선 판단까지 요구받게 되면서, 문제는 줄어들기보다 오히려 증폭되는 양상을 띠게 되었다. 이런 의미에서 국가는 약해지거나 사라지는 것이 아니라, 점점 더 많은 삶의 문제를 떠안도록 요구받는 존재가 된 것이다.

8. 국가는 원인이 아니라 결과다

오늘날의 국가는 지금 우리가 겪고 있는 삶의 문제들을 만들어낸 직접적인 원인이 아니다. 국가는 삶의 문제를 어떻게 판단할 것인가에 대한 기준과 위치가 오랜 시간에 걸쳐 이동해 온 결과로서, 그 자리를 차지하게 된 존재다. 다시 말해, 국가는 어느 순간 갑자기 삶의 문제를 떠안은 것이 아니라, 사회 전체가 삶의 판단을 국가로 넘겨온 역사적 과정 속에서 그 역할을 맡게 되었다.

문제의 핵심은 국가가 일을 너무 많이 하고 있다거나, 현실 문제를 제대로 해결하지 못하고 있다는 불만에 있지 않다. 중요한 것은 삶의 문제에 대한 판단이 어디에서, 누구에 의해 이루어지고 있는가라는 질문이다.

이러한 질문을 제기하지 않는다면, 국가는 앞으로도 역량이 많든 적든 계속해서 더 많은 삶의 문제 앞에 호출될 수밖에 없다. 그 과정에서 주민들은 자신의 삶을 스스로 판단하는 주체로 회복되지 못한 채, 제도와 국가에 요구를 제기하는 위치에 머물게 될 것이다. 결국 삶의 문제는 줄어들지 않고, 판단의 중심과 주민의 삶 사이의 간극은 더욱 커지게 된다.

제2장 문제는 국가의 실패가 아니라 과부하다
── 과부하 국가의 구조

 오늘날 국가를 둘러싼 가장 지배적인 언어 중 하나는 '실패'다. 국가는 돌봄을 해결하지 못했고, 불평등을 줄이지 못했으며, 지역의 붕괴를 막지 못했다는 평가가 반복된다. 이러한 진단은 직관적으로 설득력을 가진다. 실제로 많은 삶의 문제들이 해결되지 않은 채 누적되고 있기 때문이다. 그러나 이 책은 이 진단이 문제의 핵심을 정확히 겨냥하지 못한다고 본다.

 국가는 실패하지 않았다. 오히려 국가는 너무 오래, 너무 많은 삶의 문제를 대신 판단하고 해결해 왔다. 문제는 무능이 아니라 과부하다. 국가가 감당하도록 설계되지 않은 영역까지 책임을 떠안으면서, 판단의 깊이는 얕아지고 개입의 범위는 과도하게 확장된 상태-이것이 오늘날 국가가 놓인 구조적 위치다.

 이 장의 목적은 국가를 비판하거나 옹호하는 데 있지 않다. 대신 국가지배의 구조를 도덕적 평가가 아닌 구조적 분석의 대상으로 전환하는 데 있다. '왜 국가는 여전히 개입하는가', '왜 더 많은 예산을 쓰는데도 문제가 반복되는가', '왜 책임을 분산해도 판단은 이전되지 않는가'라는 질문을 통해, 과부하 국가라는 개념을 체계적으로 설명하고자 한다.

1. '국가의 실패'라는 진단은 왜 부정확한가

국가 실패론은 주로 결과 중심의 평가에서 출발한다. 문제가 해결되지 않았다는 사실을 근거로, 국가는 제 역할을 다하지 못했다고 결론짓는다. 그러나 이러한 논리는 국가를 하나의 문제 해결 주체, 혹은 서비스 제공자로 단순화한다. 국가는 언제나 문제를 '해결해야 하는 존재'로 상정되고, 해결하지 못할 경우 실패라는 도덕적 판단을 받는다.

하지만 국가는 본래 삶의 모든 문제를 해결하도록 설계된 장치가 아니다. 근대국가는 일반화 가능한 문제를 법과 제도로 처리하기 위한 조직이다. 이 말은 곧, 구체적이고 맥락적인 삶의 판단을 대신하기에는 구조적 한계를 지닌다는 뜻이다. 그럼에도 불구하고 우리는 오랫동안 국가를 삶의 최종 해결자로 호출해 왔다. 이 역사적 호출의 결과가 바로 오늘날의 과부하다.

국가 실패론의 또 다른 문제는, 국가를 하나의 단일한 행위자로 의인화한다는 점이다. 국가는 실패했고, 국가는 무능하다는 표현 속에는 국가가 스스로 선택하고 실수한 것처럼 묘사되는 경향이 있다. 그러나 실제로 국가는 사회가 요구한 판단과 책임을 축적해 온 구조적 결과물이다. 실패라는 말은 이 구조적 축적을 가려버린다.

따라서 우리는 질문을 바꾸어야 한다. '국가는 왜 실패했는가'가 아니라, '국가는 왜 이렇게까지 많은 판단을 떠안게 되었는가', 그리고 '그 결과 국가는 어떤 상태에 놓이게 되었는가'를 묻는 것이 더 정확하다.

2. 과부하 국가: 더 많은 개입, 더 얕아진 판단

이 책에서 사용하는 '과부하 국가(overloaded state)'라는 개념은 단순히 국가의 일이 많다는 뜻이 아니다. 이는 국가가 감당할 수 있는 판단의 범위를 넘어서는 책임까지 떠안게 된 상태를 의미한다. 문제의 핵심은 업무량 자체가 아니라, 국가가 맡고 있는 역할의 규모와 그에 필요한 판단의 깊이 사이에 생긴 불균형에 있다.

국가가 과부하 상태에 놓이게 되면, 두 가지 현상이 동시에 나타난다. 하나는 국가 개입의 지속적인 확대이고, 다른 하나는 판단의 외주화 또는 형식화이다. 중요한 점은 국가가 문제를 방치하거나 외면하고 있다는 것이 아니라는 사실이다. 오히려 문제를 심각하게 인식할수록 국가는 더 많은 정책과 제도, 법률을 만들어 개입하려 한다. 새로운 법이 제정되고, 새로운 사업이 도입되며, 기존 제도는 더 잘게 나뉘어 세분화된다. 겉으로 보기에 국가는 점점 더 열심히 일하고, 더 적극적으로 문제에 대응하는 것처럼 보인다.

그러나 바로 이 지점에서 역설이 발생한다. 개입이 늘어날수록 국가는 개별 삶의 구체적인 맥락을 충분히 이해하기 어려워진다. 정책은 평균적인 기준과 전형적인 사례를 중심으로 설계되고, 제도는 예외와 특수한 상황을 제거하거나 관리 대상으로 취급한다. 그 결과 국가는 문제를 깊이 판단하기보다는, 행정적으로 다루기 쉬운 형태로 단순화하는 방식으로 대응하게 된다.

이 과정에서 국가의 판단은 성격 자체가 달라진다. 판단은 더 이상 복잡한 삶의 조건, 관계, 상황을 종합적으로 고려하는 과정이 아니라, 지표와 기준, 수치에 근거한 행정적 결정으로 축소된다. 국가는 더 많은 일을 하지만, 삶에 대해서는 점점 덜 이해하게 된다. 따라서 과부하 국가는 실패한 국가라고 보기는 어렵다. 다만 구조적으로 판단의 질이 점점 저하되는 국가라고 말할 수 있다.

3. 예산은 증가했지만 삶의 불안은 줄지 않았다

과부하 국가의 구조를 가장 명확하게 보여주는 지표 중 하나는 사회지출의 증가와 삶의 불안이 동시에 지속되고 있다는 사실이다. 한국 사회에서 복지, 돌봄, 사회서비스 예산은 지난 수십 년간 꾸준히 확대되어 왔다.

노인장기요양보험, 각종 돌봄 바우처, 지역사회 통합돌봄 정책 등 제도적 장치는 분명 이전보다 촘촘해졌다.

그럼에도 불구하고 고독사, 돌봄 공백, 지역 소멸, 생활 불안은 줄어들지 않았다. 그 이유를 흔히 예산이 아직 부족하기 때문이라고 설명한다. 그러나 이 설명은 충분하지 않다. 문제는 예산의 규모가 아니라, 예산이 작동하는 방식에 있다.

국가는 예산을 통해 서비스를 제공할 수는 있지만, 관계를 형성할 수는 없다. 돌봄은 대표적인 사례다. 서비스 제공 횟수와 시간은 늘어났지만, 돌봄을 둘러싼 고립과 단절은 해소되지 않았다. 이는 국가가 무능해서가 아니라, 돌봄이라는 문제가 제도적 판단만으로 해결될 수 없는 영역이기 때문이다.

이 지점에서 과부하 국가는 다시 한번 선택을 강요받는다. 더 많은 예산을 투입할 것인가, 아니면 개입을 줄일 것인가? 그러나 어느 쪽도 근본적인 해결책이 되지 않는다. 이 딜레마 자체가 국가가 과부하에 있다는 구조적 징후이다.

4. 행정은 점점 더 분주해지는데, 왜 삶과는 더 멀어지는가

　과부하 국가의 또 다른 특징은 행정의 과잉 활동이다. 정책 수는 늘어나고, 사업은 세분화되며, 공무원의 업무량은 지속적으로 증가한다.

　그러나 이러한 행정의 팽창이 곧 삶의 문제 해결로 이어지지는 않는다. 오히려 많은 경우, 행정은 갈수록 분주해지지만 정작 삶의 현장과는 멀어지는 역설이 발생한다. 이는 단순한 행정 비효율의 문제가 아니라, 행정이 내려야 할 '판단의 성격'이 변했기 때문이다.

　과거 행정은 비교적 명확한 목표를 가지고 있었다. 인프라를 구축하고, 제도를 정비하며, 법을 집행하는 것이 중심 과제였다. 그러나 오늘날 행정이 다루는 문제들은 훨씬 복합적이다. 돌봄, 저출생, 지역갈등, 생활 안전, 관계의 붕괴와 같은 문제들은 단일 부처나 단일 정책으로 처리될 수 없다.

　그럼에도 행정은 이 복합성을 온전히 감당할 수 있는 구조를 갖지 못했다. 대신 문제를 분절하고, 각 부처와 사업 단위로 나누어 관리하는 방식을 택했다. 그 결과 행정은 문제의 전체 맥락을 파악하기보다, 자신에게 할당된 부분만을 처리하는 데 집중하게 되었다. 판단은 종합되지 않고, 보고와 평가를 위한 행위만 누적된다.

　행정이 삶과 멀어지는 또 다른 이유는 평가 중심 구조다.

오늘날 행정은 '무엇을 했는가'보다 '어떻게 평가받는가'에 더 민감하게 반응한다. 성과 지표, 만족도 조사, 보고서 작성은 행정의 핵심 업무가 되었다. 이 과정에서 현장의 복잡한 현실은 단순한 수치로 환원된다. 행정은 더 많은 정보를 처리하지만, 삶을 이해하는 능력은 오히려 약화된다.

이러한 구조 속에서 공무원 개인의 역량이나 헌신을 문제 삼는 것은 적절하지 않다. 문제는 개인에게 있는 것이 아니라 구조에 있다. 과부하 상태에 놓인 국가는 행정 영역을 끊임없이 확장하지만, 행정이 깊이 있는 판단을 내릴 수 있는 조건을 제공하지는 못한다. 그 결과 행정은 늘 바쁘게 움직이지만, 판단은 필연적으로 얕아질 수밖에 없다.

5. 문제는 반복되고 정책의 이름만 바뀐다

국가가 과부하 상태에 있을 때 나타나는 또 다른 특징은 늘 똑같은 사회 문제들이 정책 의제에 반복적으로 등장한다는 점이다. 예를 들어 한국에서 고독사, 돌봄의 사각지대, 지방 소멸, 청년층 고용불안 같은 사회적 문제들은 매년, 수십 년 동안 정책 보고서와 법안의 제목에 계속해서 등장하지만, 그 핵심 구조 자체는 실제로 크게 변화하지 않는 경우가 많다.

보고서 이름이나 법안 명칭이 조금씩 바뀌고, 새로운 정책 제목이 붙여지기도 한다. 하지만 이러한 변화는 표면적이고, 문제의 본질은 거의 그대로 남아 있다. 다시 말해 이 문제들이 해결되어 사라진 것이 아니라, 새로운 이름의 정책과 새로운 해결책처럼 보이는 형태로 계속 다시 나타나는 것이다.

이런 현상을 단순히 "정책 실패"라고만 평가하는 경우가 많다. 그러나 이런 현상을 단순한 실패로만 보지 말고, '정책의 순환 구조'로 이해해야 한다. 핵심은 문제가 해결되지 않았다는 사실 자체뿐 아니라, 국가가 문제를 근본적으로 해소하지 못한 채 정책의 표면만 바꾸면서 다루고 있다는 구조적 특성때문이다.

이 정책 순환 과정(policy cycle)에서 문제는 완전히 해결되지도, 그렇다고 방치되지도 않는다. 대신 문제는 정책 체계가 다룰 수 있도록, 다시 말해 행정적으로 관리 가능한 형태로 계속해서 재정의되고 정리된다. 이렇게 다뤄진 문제들은 성과 지표나 각종 보고서 제목 속에서 끊임없이 반복되어 나타난다. 이 과정에서 중요한 것은 문제를 실제로 해결할 수 있는지가 아니라, 그 문제가 제도 안에서 '처리 가능한 것'으로 유지되는가이다.

국가는 문제를 완전히 없애기보다는 제도적 틀 안에서 취급할 수 있는 방식으로 단순화한다. 그 결과 맥락(context)

이나 관계적 요소처럼 복잡한 현실적 요소들은 사라지고, 측정 가능한 지표만 남게 된다. 이런 이유로 문제는 없어지지 않고 계속 나타나지만, 겉으로 보기에는 '관리되고 있는 것처럼' 보인다. 즉, 실제로는 해결되지 않았지만, 반복되는 정책 활동으로 인해 문제를 처리하고 있는 것 같은 착시가 생기는 것이다. 같은 사회 문제가 정책 의제에 일정한 간격으로 다시 등장한다는 사실은 그 문제가 여전히 해결되지 않았다는 증거이다. 동시에 그 반복은 기존의 해결 방식이 구조적으로 한계에 도달했다는 신호이기도 하다. 과부하 상태의 국가는 문제를 무시하지는 않지만, 그것을 근본적으로 재조직할 수 있는 힘도 없다. 오히려 정책이 거듭될수록 국가가 감당해야 할 책임은 늘어나지만, 이러한 책임 증가는 정책 판단의 심화로 이어지지 않는다. 이에 따라 국가는 기존의 체계 안에서 문제를 계속 재처리하고, 결국 이런 구조가 과부하 상태를 더욱 고착시킨다.

6. 그럼에도 여전히 판단은 국가가 한다

과부하 상태에 놓인 국가는 모든 문제를 직접 수행할 수 없게 된다. 이에 대한 대응으로 국가는 다양한 방식의 외주화와 전문가화를 선택해 왔다. 민간 위탁, 공공-민간 협력, 전문

기관 활용은 국가의 부담을 줄이는 합리적 전략처럼 보인다.

그러나 이 전략은 책임을 줄였을지언정, 판단을 이전시키지는 않았다. 외주화는 수행의 주체를 바꾸었을 뿐, 문제를 정의하고 방향을 설정하는 권한은 여전히 국가와 제도에 남아 있다. 전문가 역시 판단의 일부를 대행하지만, 그 판단은 제도적 기준과 정책 목표에 갇혀 있다.

이 과정에서 주민은 여전히 판단의 주체로 등장하지 않는다. 국가는 직접 개입하지 않는 것처럼 보이지만, 판단 구조는 유지된다. 문제는 판단이 주민에게 돌아오지 않고, 전문가와 기관 사이를 순환한다는 것이다. 결국 관리의 층위만 늘어난다.

중요한 점은 이 구조가 겉보기에는 '국가의 축소'처럼 보일 수 있다는 점이다. 그러나 실제로는 국가 권력의 행사 방식이 변형된 것일 뿐, 국가는 여전히 판단을 내려놓지 않는다. 다만 그 판단을 실행하는 방식만을 조정한다. 따라서 '국가가 물러난 자리를 누가 차지하는가'라는 질문은 현실을 정확히 설명하지 못한다. 국가는 물러나지 않는다. 국가는 형태를 바꾸어 계속 존재한다.

7. 국가는 왜 물러나지 못하는가

과부하 국가를 설명할 때 사람들이 자주 던지는 질문이 있다. '이렇게 부담이 크다면, 국가는 왜 개입을 줄이지 않는가?'라는 질문이다. 겉으로 보기에는 매우 합리적인 의문처럼 보인다. 일이 너무 많고 감당이 어렵다면, 당연히 일을 줄이거나 일부를 내려놓는 것이 정상적인 선택처럼 느껴지기 때문이다. 그러나 이 질문은 국가 권력이 작동하는 방식을 충분히 고려하지 않았기 때문에 나온 것이다.

국가는 기업과 같은 조직이 아니다. 기업은 손익 계산에 따라 사업을 축소하거나 철수할 수 있다. 수익이 나지 않거나 부담이 커지면, '이 일은 하지 않겠다'고 결정할 수 있다. 그러나 국가는 그렇게 움직이지 않는다. 국가는 효율이나 수익의 논리가 아니라, 정당성의 논리로 운영된다. 특히 현대 국가는 삶의 문제에 개입하지 않을 때 오히려 더 큰 정치적 위험에 노출된다.

예를 들어 돌봄의 공백, 생활의 불안정, 지역 소멸과 같은 문제가 발생했을 때 국가가 '이것은 우리의 책임이 아니다'라고 말하는 순간, 국가는 즉각적인 비판과 불신에 직면하게 된다. 국민의 눈에 개입하지 않는 국가는 무능한 국가가 아니라 '무책임한 국가'로 인식된다. 이 구조 속에서 국가는 스스로 부담이 크다는 사실을 알고 있음에도 불구하고, 책임을 내려놓기 어렵다.

또 하나 중요한 이유는 국가가 이미 만들어 놓은 제도와 조직 위에서 작동한다는 점이다. 법과 정책, 행정 조직은 한 번 만들어지면 쉽게 사라지지 않는다. 새로운 문제가 나타났다고 해서 기존의 법과 제도를 폐기하고 처음부터 다시 설계하는 일은 거의 일어나지 않는다. 오히려 문제의 발생은 기존 제도를 없애는 방향이 아니라, 기존 제도를 보완하거나 확장하는 방식으로 대응된다. 새로운 법이 추가되고, 새로운 사업이 기존 틀 위에 덧붙여진다. 이런 방식의 대응은 문제를 줄이기보다는, 시간이 갈수록 국가의 부담을 더 크게 만든다.

여기에 정치 경쟁의 구조도 영향을 미친다. 정책을 확대하고 국가의 개입을 늘리는 것은 정치적인 성과로 제시하기 쉽다. '새로운 제도를 만들었다', '지원 범위를 확대했다'는 메시지는 눈에 잘 띄는 업적으로 활용된다. 반대로 개입을 줄이거나 역할을 축소하는 결정은 쉽게 '책임 회피', '국가의 후퇴'로 해석된다. 이런 정치적 환경에서 국가는 스스로를 축소하는 선택을 하기가 매우 어렵다.

결국 국가는 더 많은 책임을 떠안는 방향으로 움직일 수밖에 없다. 중요한 점은 이것이 국가의 자의적인 선택이 아니라는 사실이다. 과부하 국가는 무능해서 만들어진 결과가 아니라, 정당성을 유지하기 위해 선택할 수밖에 없었던 전략의 결과이다. 국가는 문제를 외면할 수 없고, 기존의 틀을 쉽게 버릴 수도 없으며, 정치적 경쟁 속에서 개입을 멈추기도 어렵다. 그 결과 국가는 점점 더 많은 문제를 끌어안고, 과부하 상태에 놓이게 된다.

8. 과부하 국가는 주민을 어떻게 비주체화하는가

국가가 점점 더 많은 문제를 떠안게 될수록, 주민은 문제를 해결하는 주체라기보다는 문제의 대상이거나 요구를 제기하는 존재로 자리 잡게 된다. 삶의 현장에서 발생하는 문제를 스스로 판단하고 해결하기보다는, 주민은 그 문제를 국가에 전달하고 도움을 요청하는 역할을 반복하게 된다.

이러한 구조 속에서 주민의 경험은 겉으로 보기에 중요하게 다뤄지는 것처럼 보인다. 설문조사, 의견 수렴, 민원 접수 등을 통해 주민의 목소리는 계속 수집된다. 그러나 실제로는 이러한 경험이 판단의 출발점이나 기준으로 작동하지는 않는다. 주민의 말은 불만, 의견, 요구의 형태로 정리될 뿐이며, 그것이 어떤 방향으로 해석되고 어떤 정책으로 연결될지는 제도와 행정 체계 내부에서 결정된다. 주민은 말할 수는 있지만, 결정할 수는 없는 위치에 머무르게 된다.

이러한 구조로 인해 참여와 권력의 간극은 더욱 커지게 된다. 주민은 참여하지만, 그 참여가 실제 판단과 결정으로 이어지지 않기 때문이다. 과부하 국가에서는 때때로 주민 참여가 적극적으로 요구되기도 한다. 공청회, 설명회, 각종 위원회와 협의체는 주민 참여를 제도적으로 보장하는 장치로 마련된다. 그러나 이러한 참여 구조 속에서는 많은 경우 주민은 판단의 주체로 복원되기보다는, 기존 제도의 정당성을 보완하는 역할에 머문다.

주민은 회의에 참석하고 의견을 제시하지만, 최종 결과에 대한 책임은 여전히 국가와 행정에 남아 있다. 이로 인해 주민은 결과에 영향을 미쳤다는 감각을 갖기 어렵고, 판단의 책임을 실제로 경험할 기회도 제한된다. 판단 능력은 반복될 때 축적되고 숙련되지만, 이 구조에서는 주민이 스스로 판단하고 그 결과를 책임지는 경험을 반복할 수 없다.

그 대신 주민은 요구하고, 기다리고, 결과에 실망하는 경험을 계속해서 반복하게 된다. 이러한 경험의 축적은 주민의 판단 능력을 키우기보다는, 오히려 수동성과 의존성을 강화한다. 국가는 주민을 보호하고 지원하는 역할을 수행하지만, 동시에 주민을 삶의 문제를 판단하고 해결하는 주체로 성장하지 못하게 만든다.

결국 과부하 국가는 주민을 돌보고 보호하는 동시에, 주민을 판단의 주체에서 밀어내는 이중적인 효과를 만들어낸다. 이 구조 속에서 주민은 참여하지만 주체가 되지 못하고, 보호받지만 동시에 비주체화 되는 존재로 남게 된다.

9. 국가는 실패하지 않았다. 문제는 판단의 집중과 과부하다

정리하면. 오늘날 국가가 직면한 위기는 실패의 결과가 아니다. 그것은 성공의 연장선에서 누적된 과부하 상태다. 국가는 오랜 시간 동안 사회가 요구한 판단과 책임을 충실히 떠안아 왔다. 산업화, 복지 확장, 민주화의 과정에서 국가는 삶의 문제를 대신 판단하고 해결하는 주체로 자리매김했다. 이 경험은 일정한 성과를 낳았고, 그 성과는 국가에 대한 신뢰와 의존을 동시에 강화했다.

그러나 바로 이 성공이 오늘날의 한계를 만들어냈다. 삶의 문제는 점점 더 개별적이고, 맥락 의존적이며, 불안정의 확대로 변화했다. 반면 국가는 일반화와 표준화를 통해 작동하는 제도적 장치로 남아 있다. 이 불일치 속에서 국가는 더 많은 개입을 시도하지만, 판단의 깊이는 얕아질 수밖에 없다. 과부하 국가는 무능해진 것이 아니라, 감당할 수 없는 판단을 계속 떠안고 있다.

그럼에도 불구하고, 국가는 스스로 역할을 축소하거나 물러나지 않는다. 국가는 권력 유지를 위해 끊임없이 형태를 바꾸고, 개입 방식을 조정하며, 책임을 재배치한다. 외주화, 전문가화, 참여 제도의 확대는 국가의 축소가 아니라 국가 권력의 변형된 지속이다.

문제는 국가의 존재 여부가 아니라, 판단이 어디에 집중되어 있는가이다. 국가가 판단을 계속 독점하는 한, 주민은 문제 해결의 주체로 등장하지 못한다. 주민은 보호받고 참여하지만, 판단하지는 않는다. 이 구조 속에서 주민의 경험은 수집되지만, 판단으로 조직되지 않는다. 그 결과 주민은 요구의 주체로 남고, 국가는 과부하 상태에서 벗어나지 못한다.

만약 국가가 과부하 상태에 있고, 그 원인이 판단의 과도한 집중에 있다면, 그 판단을 분산시키는 다른 방식은 가능한가? 많은 논의는 이 질문에 대해 '시민 권력'이라는 답을 제시해 왔다. 시민 참여를 확대하고, 권리를 강화하며, 제도적 민주주의를 정교화하면 문제가 해결될 것이라는 기대다.

그러나 다음 장에서 보게 되듯이, 시민 권력 담론은 이 문제를 해결하지 못했다. 참여는 늘어났지만, 판단은 여전히 제도 내부에 머물렀다. 시민은 제도의 주체였지만, 삶의 주체로 복원되지는 않았다. 과부하 국가의 구조를 흔들지 못했다.

제3장 시민 담론이 놓치고 있는 것
— 참여의 확대가 왜 삶의 문제를 해결하지 못하는가

1. 시민 담론의 역설

오늘날 민주주의 논의에서 '시민의 힘', '시민 권력'이라는 표현은 거의 상식처럼 사용된다. 시민참여 확대, 거버넌스, 숙의민주주의, 공론장 제도화는 민주주의의 진전으로 이해된다. 그러나 이러한 담론의 확산에도 불구하고, 삶의 문제는 해결되지 않고 있으며 공론장은 반복적으로 형식화되고 있다. 참여는 늘어났지만 시민은 무력감을 호소하고, 국가는 오히려 더 많은 문제를 떠안으며 과부하 상태에 빠진다. 이 역설을 설명하지 못하는 한, 시민 권력 담론은 현실을 설명하는 언어가 될 수 없다.

이 문제의 핵심은 시민 권력 담론 내부에 서로 다른 두 개의 권력 이해가 구분되지 않은 채 혼재되어 있다는 점에 있다. 하나는 제도적 시민을 전제로 한 'citizen power 담론'이고, 다른 하나는 시민사회와 삶의 영역에서 형성되는

'civil power 담론'이다. 이 둘은 겉으로 보기에는 모두 '시민의 힘'을 말하는 것처럼 보이지만, 권력이 발생하는 지점, 작동 방식, 국가와의 관계에서 근본적으로 다르다.

2. 'Citizen Power 담론': 제도 안의 시민, 참여로 측정되는 권력

Citizen power 담론은 근대 민주주의 제도 속에서 형성된 권력 이해이다. 이 담론에서 시민은 무엇보다도 '국가가 인정한 법적 지위로서의 시민(citizen)'이다. 시민은 권리를 보유하며, 그 권리는 제도화된 통로를 통해 행사된다. 선거, 공청회, 위원회 참여, 참여 거버넌스, 주민참여예산은 시민 권력의 대표적 표현으로 이해할 수 있다.

이 관점에서 권력은 제도 내부에 얼마나 많이, 얼마나 공정하게 참여하는 가로 측정된다. 시민 권력이 강화된다는 것은 곧 참여 기회의 확대, 절차의 정교화, 대표성의 개선을 의미한다. 민주주의의 질은 참여율과 제도 설계의 완성도로 평가된다.

그러나 이 담론은 결정적인 한계를 가진다. 권력의 중심이 여전히 국가와 행정에 고정되어 있기 때문이다. 시민은 참여하지만 판단하지 않는다. 시민은 의견을 제출하지만 기준을 만들지는 않는다. 심의 과정에는 개입하지만, 문제의 정의와 최종 결정 권한은 행정과 제도에 남아 있다. 이 구조에서 시민 권력은 본질적으로 보완적 권력이며, 국가의 판단을 대신하지 않는다.

그 결과, 참여가 확대될수록 국가는 더 많은 삶의 문제를 떠안게 되고, 시민은 그 과정에 동원되는 존재가 된다. 시민 참여는 국가의 책임을 분산시키는 것이 아니라 오히려 국가를 더 호출하는 메커니즘으로 작동한다. 이것이 오늘날 '참여의 확대가 국가 과부하로 이어지는 이유'이다.

3. 'Civil Power 담론': 삶의 영역에서 형성되는 판단의 권력

이에 비해 civil power 담론은 전혀 다른 출발점을 가진다. 여기서 'civil'은 시민 개인의 법적 지위를 의미하지 않는다. 그것은 국가 이전 혹은 국가 외부에 존재하는 시민사회, 혹은 삶의 영역을 가리킨다. 이 담론에서 권력은 제도 안으로 들어가는 것에서 발생하지 않는다. 오히려 제도 바깥, 삶의 현장, 관계 속에서 형성된다.

가족, 이웃, 지역, 직업 공동체, 돌봄 관계, 생활세계에서 축적된 경험과 판단이 서로 연결되면서 집합적인 힘이 만들어진다. 이 힘은 요구나 청원 이전에 문제를 정의하고 기준을 형성한다. 무엇이 문제인지, 왜 문제가 되는지, 어떤 해결이 삶을 실제로 개선하는지에 대한 판단이 먼저 생성된다.

이 담론에서 권력은 참여의 양이 아니라 판단의 질에서 발생한다. 누가 이 문제를 가장 잘 알고 있는가, 누가 그 결과를 가장 직접적으로 감당하는가, 누가 그 맥락을 이해하고 있는가라는 질문이 권력의 정당성을 결정한다. 시민(civil)은 제도에 의해 교체 가능한 추상적 주체가 아니라, 특정한 삶의 조건과 관계 속에 위치한 존재로 이해된다.

4. 공론장 이해의 근본적 차이

이 두 담론의 차이는 공론장 이해에서 명확하게 드러난다. Citizen power 담론에서 공론장은 주로 제도적 의사결정을 보완하는 절차로 이해된다. 공론장은 갈등을 관리하고, 의견을 수렴하며, 합의를 도출하기 위해 설계된다. 논의의 범위와 목표는 행정에 의해 사전에 설정되는 경우가 많다.

이러한 공론장은 참여를 조직하는 데에는 유용할 수 있으나, 새로운 판단을 생성하는 데에는 구조적 한계를 가진다. 공론장은 정책 수용성을 높이는 장치로 기능하지만, 문제를 새롭게 정의하거나 기준을 바꾸는 힘을 갖지는 못한다.

반면 civil power 담론에서 공론장은 판단이 생성되는 공간이다. 여기서 중요한 것은 합의 자체가 아니라, 무엇을 문제로 볼 것인가, 어떤 기준으로 판단할 것인가에 대한 공동 인식이 형성되는 과정이다. 이 공론장은 제도의 요구에 응답하기 위해 열리는 것이 아니라, 삶의 필요에서 자연스럽게 발생한다. 돌봄의 방식, 관계 갈등의 조정, 지역 변화에 대한 대응과 같은 문제는 이 영역에서만 적절한 판단이 가능하다.

5. 국가와의 관계: 보완인가, 재배치인가

Citizen power 담론은 국가를 최종 판단자이자 책임 주체로 전제한다. 시민 권력은 국가 결정을 보완하고 감시하지만, 국가의 판단 권한 자체를 문제 삼지 않는다. 이 구조에서는 시민참여가 확대될수록 국가는 더 많은 문제에 개입하게 되고 과부하 상태에 놓인다.

Civil power 담론은 이 구조를 근본적으로 재검토한다. 여기서 핵심은 국가의 역할을 축소하자는 것이 아니라, 판단의 위치를 재배치하자는 것이다. 모든 삶의 문제를 국가가 판단해야 한다는 전제 자체가 문제라는 인식에서 출발한다. 어떤 문제는 국가가 책임져야 하지만, 어떤 문제는 삶에 가까운 곳에서 판단되어야 한다. 이는 책임의 전가가 아니라 책임의 재구성이다.

6. 시민사회적 주체(civil)의 부재와 국가에 의한 시민(citizen)의 탄생

　서구 사회에서는 일반적으로 '주민(resident) → 시민사회적 주체(civil) → 법적 시민(citizen)'으로 이어지는 역사적 경로가 형성되어 왔다. 주민은 삶의 세계에 뿌리내린 존재로서 공동체 안에서 문제를 해결했고, 그 과정에서 국가와 구별되는 시민사회(civil society)가 형성되었다. 이러한 시민사회는 공적 판단과 규범을 축적하는 중간 영역으로 기능하며, 이후 근대 국가의 시민(citizen)을 떠받치는 토대가 되었다.

　그러나 동아시아 사회에서는 이와 같은 중간 단계로서의 시민사회가 역사적으로 성립하지 않았다. 농업 중심 사회에서 공동체는 분명 존재했지만, 그것은 국가로부터 분리된 자율적 영역이라기보다는 국가 질서 속에 편입된 생활 단위에 가까웠다. 특히 유교적 질서에서 '공(公)'은 시민사회적 공공성을 의미하기보다, 국가와 왕조의 도덕적·윤리적 질서를 가리키는 개념이었다. 그 결과, 공동체는 강했으나 정치적 판단과 공적 규범을 자율적으로 형성하는 시민사회적 영역은 발전하지 못했다.

　그럼에도 불구하고 일부 동아시아 국가들은 근대 이후 민주주의 제도를 도입하였고, 헌법과 법률을 통해 법적 시민(citizen)을 형성하였다. 이는 시민이 시민사회를 통해 점진적으로 형성된 결과라기보다, 국가 제도에 의해 '위로부터' 구성된 시민이었다. 선거권, 참여권, 권리 청구권을 갖춘 시민은 제도적으로 빠르게 탄생했지만, 그 시민은 시민사회 속에서 공적 판단을 축적하고 훈련해 온 주체는 아니었다.

그 결과 동아시아의 시민은 법적 시민으로서는 성립했지만, 삶의 문제를 스스로 판단하고 공적 기준을 형성하는 시민사회적 판단 능력(civil judgment)을 축적하지 못한 상태로 형성되었다. 이 구조적 특수성은 오늘날 동아시아 민주주의에서 시민참여는 확대되었으나 판단은 여전히 국가와 제도에 집중되는 이유를 설명하는 중요한 단서가 된다.

7. 주민의 성장과 현대적 전환

이러한 조건 속에서 삶의 문제를 둘러싼 판단의 공백이 발생해 왔다. 민주주의 제도가 도입된 이후에도 주민이 이 공백을 메우기에는 지나치게 취약한 상태에 머물러 있었다. 권리는 제한되어 있었고, 정보에 대한 접근성은 낮았으며, 교육 역시 삶의 문제를 공적으로 사유하고 판단할 수 있을만큼 충분하지 않았다. 그 결과 주민은 삶의 문제를 스스로 판단하기보다 국가와 제도에 의존할 수밖에 없었고, 시민사회적 판단 주체나 사회적 결정자로 성장하는 데 구조적 제약을 안고 있었다.

그러나 민주주의가 정착된 오늘날의 조건은 과거와 근본적으로 다르다. 권리의 확장, 정보 접근성의 비약적 향상, 그리고 교육 수준의 전반적인 제고는 주민의 존재 조건 자체를 변화시키고 있다. 특히 한국 사회의 민주화 운동은 이러한 변화를 집약적으로 보여주는 대표적인 사례이다. 민주화 과정 속에서 주민들은 단순한 통치의 대상에서 벗어나, 스스로 문제를 인식하고 판단하며 집합적 행동을 조직할 수 있는 주체로 성장하였다. 이는 주민이 더 이상 시민(civil)이 되기에는 지나치게 약한 존재가 아니라, 시민사회적 판단 역량을 갖춘 존재로 전환되어 가고 있음을 말해준다.

바로 이 지점에서 주민의 성장은 단순한 사회 변화가 아니라, 현대 민주주의가 안고 있던 구조적 공백을 메우는 핵심적 전환으로 이해할 수 있다.

8. 주민 권력(resident power)의 이론적 정당성

지금까지의 논의를 정리하면, '주민 권력'은 기존의 '시민 권력'을 대신하기 위해 억지로 만든 개념이 아니라, 현재 우리 사회의 조건 속에서 자연스럽게 나타난 결과라고 말할 수 있다.

그동안 우리가 말해 온 시민 권력은 주로 제도에 참여하고 권리를 행사하는 힘을 의미해 왔다. 선거에 참여하고, 공청회에 나가 의견을 내고, 제도를 통해 요구하는 방식이었다. 이런 방식은 민주주의에 꼭 필요하지만, 한계가 있다. 삶의 문제에 대한 판단이 여전히 국가와 행정에 집중된다는 점이다. 시민은 참여하지만, 무엇이 문제인지, 어떻게 해결할지는 주로 제도가 결정한다.

반면 주민 권력은 다른 의미가 있다. 주민 권력이란 사람들이 자기 삶의 현장에서 직접 문제를 판단하고, 그 판단을 제도와 연결해 가는 힘을 말한다. 돌봄, 주거, 지역 문제처럼 일상의 문제를 가장 잘 아는 사람들이 먼저 생각하고 결정하며, 그 결과가 제도에 반영되도록 만드는 힘이다. 이 글에서 말하는 주민 권력의 '주민'은 서구 사회에서 시민(civil)이 되기 이전의 주민을 뜻하지 않는다. 그것은 오늘날처럼 주민의 권리가 확대되고, 필요한 정보를 쉽게 얻을 수 있으며, 교육 수준이 전반적으로 높아진 조건 속에서 변화된 주체를 말한다. 이 개념은 서구처럼 시민사회가 오랜 시간에 걸쳐 발전하지 않은 민주주의 국가라 하더라도, 다른 방식으로 부족한 부분을 보완해 나가며 충분히 성장할 수 있음을 보여준다.

오늘날의 주민은 시민사회가 해왔던 역할을 대신할 수 있는 중요한 주체, 즉, 현대 민주주의를 실제로 움직이는 핵심

적인 사람들이다. 주민 권력은 바로 이러한 변화된 현실을
설명해 주는 개념이라고 할 수 있다.

2부

시민에서 주민으로
권력 주체의 전환

제4장 주민의 재발견
― 세계-내-존재로서 주민

　앞에서 민주주의의 위기와 참여의 한계를 말하면서도, 정작 '주민'이라는 구체적인 존재에 대해서는 깊이 있게 살펴보지 못했다. 우리가 느끼는 정치적 무력감은 제도가 부족해서가 아니다. 오히려 '시민(citizen)'이라는 틀을 만드는 과정에서, 실제 삶을 사는 사람의 모습이 사라지고 추상적인 개념만 남았기 때문이다. 따라서 이 장은 시민이 아니라, 삶을 구성하고 살아온 주체로서, 우리의 본래 모습이 무엇이었는가를 묻고자 한다.

　근대 정치에서 시민은 혁명의 주체이자 법과 제도의 창조자였지만, 국가가 성립한 이후에는 권리와 참여를 통해서만 호출되는 제도적 주체로 재구성되었다. 그 결과 시민은 정치의 주체이면서도, 자신의 삶을 둘러싼 문제에 대해서는 판단할 권한을 상실한 존재로 경험된다.

　'주민의 재발견'은 시민을 대체하려는 시도가 아니다. 주민은 시민 이전부터 존재해 온 삶의 주체이며, 제도 이전에 이미 살아가고 판단해 온 존재다. 주민은 장소와 관계 속에서 세계를 경험하고, 구체적인 상황 속에서 판단을 반복해 온 존재다.

이 장은 주민을 제도 이전의 존재, 세계-내-존재, 관계적 존재, 그리고 취약하지만 판단을 멈출 수 없는 존재로 재구성한다. 이를 통해 정치를 제도의 문제가 아니라 삶의 문제로 다시 위치시키고, 권력을 판단과 책임의 위치에서 재사유하고자 한다. 주민의 재발견은 새로운 권력을 선언하는 것이 아니라, 정치가 어디에서 시작되어야 하는지를 다시 묻는 작업이다.

1. 왜 '시민 이후'가 아니라 '시민 이전'을 보아야 하는가

'시민 이후의 대안'이라는 질문의 한계

오늘날 민주주의의 위기, 시민 참여의 피로, 정치에 대한 무력감은 흔히 "시민 이후의 대안은 무엇인가"라는 질문으로 이어진다. 참여 민주주의의 한계를 넘어서기 위해 숙의 민주주의, 직접 민주주의, 디지털 민주주의 등 다양한 '이후의 모델'이 제시되어 왔다. 그러나 이러한 접근에는 공통된 전제가 깔려 있다. 그것은 시민이라는 존재를 이미 완성된 정치적 주체로 가정한 채, 그 이후의 제도적 보완을 모색한다는 점이다. 이 전제 자체가 문제일 수 있다는 질문은 상대적으로 덜 제기되어 왔다.

이 장이 제기하는 문제는 바로 이 지점에 있다. 오늘날의 정치적 무력감은 시민 이후의 제도가 충분히 발전하지 못했기 때문에 발생한 것이 아니라, 애초에 시민이라는 존재가 어떤 방식으로 구성되었고, 그 구성 과정에서 무엇이 배제되었는가와 깊이 연결되어 있다. 따라서 필요한 질문은 "시민 이후에 무엇을 더할 것인가"가 아니라, "시민 이전에 우리는 어떤 존재였는가"이다. 다시 말해, 시민 이전의 삶의 주체를 되돌아보는 일이 필요하다.

근대 시민의 구성과 정치적 주체의 추상화

근대 정치 이론에서 시민은 자연적 존재가 아니다. 시민은 역사적으로 만들어진 존재이며, 국가와 법, 제도라는 틀 속에서 정의된 정치적 지위다. 시민은 권리를 가진 주체이자 제도적 참여의 단위로 설정되었고, 이러한 설정은 민주주의의 제도적 안정에 크게 기여했다. 그러나 바로 이 제도화 과정 속에서, 시민은 특정한 방식으로 추상화되었다. 시민은 구체적인 삶의 조건과 맥락, 관계와 의존성을 벗어난 존재로 가정되었고, 정치적 판단은 보편적이고 일반화 가능한 주체의 몫으로 설정되었다.

문제는 이 추상화가 단순한 이론적 가정에 그치지 않았다는 데 있다. 시민은 실제 정치 구조 속에서 '제도에 접근하고 참여하는 존재'로 위치 지워졌고, 삶의 영역에서 이루어지는 수많은 판단과 선택은 정치의 영역 바깥으로 밀려났다. 그 결과 시민은 정치의 주체이지만, 자신의 삶을 둘러싼 문제를 스스로 판단하는 주체로는 충분히 인정받지 못했다. 시민은 정치적 순간에만 호출되고, 그 외의 시간에는 다시 개인으로 환원되는 존재가 되었다.

'새로운 주체'가 아닌 '시민 이전의 존재'를 묻는 이유

이 장이 제안하는 것은 시민을 대체할 새로운 주체를 발명하는 것이 아니라, 이미 오래전부터 존재해 왔지만 정치 이론과 제도 속에서 충분히 사유되지 않았던 존재를 다시 발견하는 일이다. 그 존재가 바로 주민이다.

주민은 시민이 되기 이전부터 존재해 왔다. 주민은 국가가 성립하기 이전부터 특정한 장소에서 살아가며, 관계를 맺고, 생존을 조정하고, 갈등을 해결해 온 존재다. 주민은 법적 지위가 없어도 존재했고, 시민권이 부여되기 이전에도 이미 판단하고 선택하며 삶을 이어 왔다. 다시 말해 주민은 제도 이전의 존재이며, 정치가 발생하는 토대가 되는 존재다.

삶의 판단이 배제된 정치와 오늘의 위기

그럼에도 불구하고 주민은 근대 정치 이론에서 중심적인 위치를 차지하지 못했다. 주민의 판단은 사적 선택이나 도덕적 판단으로 환원되었고, 정치적 판단은 국가 차원에서만 의미를 갖는 것으로 설정되었다. 이 과정에서 주민은 정치의 주체가 아니라 정치의 배경으로 취급되었다. 삶은 정치가 작동하는 장소이지만, 정치 그 자체는 아니라는 구분이 고착되었다.

그러나 오늘날 우리가 직면한 문제들은 이 구분이 더 이상 유효하지 않음을 보여준다. 돌봄의 위기, 관계의 붕괴, 지역 소멸, 환경 위험과 같은 문제들은 제도적 결정만으로 해결되지 않는다. 이 문제들은 언제나 삶의 현장에서 먼저 드러나며, 주민들의 일상적 판단과 선택을 통해 조정된다. 이때 주민은 단순한 정책 수혜자가 아니라, 이미 문제를 인식하고 대응하고 있는 존재다. 다만 그 판단이 정치적 판단으로 인정받지 못했을 뿐이다.

주민의 재발견이 갖는 정치적 의미

따라서 시민 이후를 논의하기 전에, 우리는 시민 이전을 다시 사유해야 한다. 시민 이전을 본다는 것은 시민 개념을 폐기하자는 뜻이 아니다. 그것은 시민이라는 제도적 주체가 성립하기 이전에 존재했던 삶의 주체를 다시 정치의 시야 안으로 불러들이자는 제안이다. 주민이라는 존재를 사유할 때, 우리는 시민이 왜 반복적으로 무력감을 경험하는지, 왜 참여가 권력으로 전환되지 않는지를 더 근본적으로 이해할 수 있다.

이 장에서 '주민의 재발견'이란 바로 이러한 작업을 의미한다. 주민은 시민의 하위 개념도 아니고, 시민 이후의 대안 주체도 아니다. 주민은 시민이라는 개념이 성립하는 과정에서 추상화되고 배제된 존재 방식의 이름이다. 시민 이전을 본다는 것은 정치의 출발점을 제도에서 삶으로 되돌리는 일이며, 권력의 기원을 다시 묻는 작업이다. 이러한 문제의식 위에서, 다음에는 주민이 어떤 존재 방식으로 정치적 의미를 갖는지를 본격적으로 살펴볼 것이다.

2. 주민은 제도 이전의 존재다

제도는 주민을 만들지 않는다

주민을 이해하는 데서 가장 먼저 분명히 해야 할 점은, 주민이 제도에 의해 만들어진 존재가 아니라는 사실이다. 국적, 시민권, 법적 지위, 행정 구역은 모두 제도가 주민을 분류하고 관리하기 위해 만들어낸 장치이지만, 주민의 존재 자체를 생성하지는 않는다. 사람들은 법이 만들어지기 이전부터 살아왔고, 행정이 정비되기 이전부터 특정한 장소에서 삶을 영위해 왔다. 주민은 제도의 산물이 아니라, 제도가 전제하고 있는 존재다.

그러나 근대 정치 질서 속에서는 이 관계가 자주 뒤집혀 이해된다. 마치 시민권이나 주민등록, 행정적 승인 없이는 정치적·사회적 존재로 인정받을 수 없는 것처럼 여겨진다. 이 관점에서는 제도가 존재의 조건이 되고, 제도 밖의 삶은 정치적으로 의미 없는 상태로 취급된다. 하지만 이는 역사적·존재론적 사실과 맞지 않는다. 제도는 주민을 전제로 하지만, 주민은 제도를 전제로 존재하는 것이 아니다.

주민은 삶을 먼저 살고, 제도는 나중에 따라온다

주민은 언제나 먼저 살아왔다. 사람들은 특정한 장소에서 태어나고, 먹고, 일하고, 관계를 맺고, 갈등을 조정하며 살아간다. 이 삶의 과정 속에서 규칙이 생기고, 관습이 만들어지고, 필요에 따라 제도가 형성된다. 다시 말해 제도는 삶의 결과이지, 삶의 출발점이 아니다. 주민은 제도를 기다리지 않고 이미 판단하고 선택하며 살아간다.

이 점에서 주민은 '제도적 주체'라기보다 '삶의 수행 주체'에 가깝다. 주민의 삶은 규정된 역할을 수행하는 것이 아니라, 매 순간 조건 속에서 조정되는 연속적인 과정이다. 어떤 선택이 가능한지, 어떤 위험을 감수할 수 있는지, 누구와 관계를 유지해야 하는지는 제도가 미리 정해 주지 않는다. 주민은 제도 이전의 조건 속에서 이미 살아가며, 그 삶이 누적되면서 제도적 요구가 발생한다.

주민은 시민 이전부터 존재했다

시민(citizen)과 주민의 차이는 단순히 권리의 유무나 법적 지위의 차이가 아니다. 시민은 제도가 완성된 이후에 등장하는 존재다. 시민은 이미 정해진 법과 제도, 정치 구조 속에서 권리와 의무를 부여받는다. 반면 주민은 제도가 형성되기 이전부터 존재해 온 존재다. 주민의 삶은 제도의 결과가 아니라 제도의 전제다.

이 차이는 정치적 의미를 갖는다. 시민은 제도 안에서 행동하는 존재이지만, 주민은 제도가 다루지 못하는 영역까지 살아가는 존재다. 제도는 평균과 일반을 다루지만, 주민의 삶은 항상 구체적이고 예외적이다. 따라서 주민의 존재를 시민 개념으로 완전히 포섭하려는 시도는 언제나 실패할 수밖에 없다. 주민은 제도 이전의 시간성을 갖는 존재이기 때문이다.

제도는 주민의 삶을 포착하지만, 대체하지는 못한다

제도는 주민의 삶을 일정 부분 포착한다. 세금, 복지, 행정 서비스, 법적 보호는 주민의 삶을 지원하고 조정하기 위해 설계된다. 그러나 제도는 삶 그 자체를 대체할 수는 없다. 제도는 항상 뒤늦게 반응하며, 이미 벌어진 삶의 변화와 판단을 따라간다. 돌봄의 방식, 관계의 붕괴, 지역의 변화는 제도가 설계되기 전에 이미 주민의 삶 속에서 진행된다.

그럼에도 불구하고 제도 중심의 정치는 주민의 삶을 제도의 적용 대상이나 관리 대상으로만 이해하려 한다. 이때 주민은 판단하는 존재가 아니라, 조정되어야 할 존재로 취급된다. 하지만 주민은 제도가 개입하기 이전에도 이미 문제를 인식하고, 나름의 방식으로 대응하고 있다. 제도는 이러한 삶의 움직임을 완전히 대체할 수 없으며, 오히려 그 위에 덧붙여지는 구조다.

주민을 제도 이전의 존재로 다시 사유한다는 것의 의미

주민을 제도 이전의 존재로 다시 사유한다는 것은, 정치의 출발점을 다시 설정하는 일이다. 정치가 법과 제도에서 시작된다고 보는 관점을 넘어, 정치가 삶에서 발생한다는 것을 인정하는 것이다. 이는 제도를 부정하자는 주장이 아니다. 오히려 제도가 무엇을 할 수 있고, 무엇을 할 수 없는지를 분명히 하자는 제안이다.

주민은 제도 이전에 존재하기 때문에, 제도가 다루지 못하는 문제를 가장 먼저 경험한다. 그리고 바로 이 지점에서 새로운 정치적 질문이 발생한다. 누가 이 문제를 판단해야 하는가, 어떤 기준이 필요한가, 그 결과를 누가 감당하는가라는 질문은 제도 이전의 삶에서 먼저 제기된다. 이 장에서 '주민의 재발견'을 말하는 이유가 여기에 있다. 주민은 시민이후의 대안이 아니라, 시민 이전에 이미 존재했던 정치적 삶의 주체이기 때문이다.

3. 주민은 세계-내-존재다

주민은 세계 밖에서 판단하지 않는다

주민을 이해할 때 흔히 간과하는 것은, 그들이 세계 밖에서 세계를 바라보는 존재가 아니라, 세계 안에 존재하는 주체라는 사실이다.

근대 정치 이론에서 전제하는 시민은 흔히 세계를 한 걸음 떨어져서 관찰하고 판단하는 존재로 설정된다. 시민은 자신의 이해관계 또는 감정과 일정 부분 거리를 두고, 보편적 기준에 따라 사안을 평가할 수 있는 주체로 가정된다. 그러나 주민은 이러한 방식으로 존재하지 않는다. 주민은 세계 속에 놓여 있으며, 세계와 분리될 수 없는 조건 속에서 살아간다.

주민의 삶은 언제나 특정한 장소, 관계, 환경, 역사 속에 깊이 얽혀 있다. 주민은 선택의 주체이지만, 동시에 선택의 조건에 의해 규정되는 존재다. 주거 환경, 이웃과의 관계, 가족 구조, 생계 조건은 주민의 판단과 행동을 둘러싼 배경이 아니라, 그 판단을 구성하는 일부다. 주민은 세계를 '대상'으로 삼아 판단하는 존재가 아니라, 세계 안에서 끊임없이 반응하며 살아가는 존재다.

세계-내-존재로서의 삶과 불가피한 얽힘

주민의 삶에는 언제나 얽힘이 존재한다. 이 얽힘은 선택의 실패나 미숙함에서 비롯된 것이 아니라, 존재 조건 그 자체다. 주민은 타인의 삶과 연결되어 있고, 자신의 선택이 곧바로 다른 사람의 삶에 영향을 미친다는 사실을 피할 수 없다. 이웃의 돌봄 문제, 지역의 환경 변화, 관계의 갈등은 개인의 영역에 머물지 않고 곧바로 공동의 문제로 확장된다.

이러한 얽힘 속에서 주민의 판단은 언제나 부분적이고, 잠정적일 수밖에 없다. 모든 정보를 확보한 뒤에 판단하는 것은 불가능하며, 판단은 늘 불완전한 조건 속에서 이루어진다. 그러나 바로 이 불완전성이 주민의 삶을 비정치적인 것으로 만드는 것은 아니다. 오히려 주민의 판단은 세계와의 얽힘 속에서 이루어지기 때문에, 추상적 기준보다 현실의 조건에 더 민감하게 반응한다.

세계-내-존재와 추상적 주체의 대비

근대 정치 이론이 전제해 온 주체는 세계로부터 일정한 거리를 확보한 존재다. 시민은 자신의 삶의 조건을 잠시 괄호 치고, 일반화된 판단을 내릴 수 있는 존재로 상정된다. 이러한 주체는 법과 제도를 설계하는 데에는 유리했지만, 삶의 문제를 다루는 데에는 한계를 드러냈다. 세계로부터 분리된 판단은 일관성을 가질 수는 있지만, 구체적인 삶의 맥락을 충분히 반영하지 못한다.

반면 주민은 세계로부터 분리되지 않은 채 판단한다. 주민의 판단은 상황에 따라 달라지고, 관계에 따라 수정되며, 시간의 흐름 속에서 변화한다. 이러한 판단 방식은 종종 일관성이 결여된 것이거나 감정적인 것으로 평가절하 되지만, 실제로는 세계 안에서 살아가는 존재에게 불가피한 판단 방식이다. 주민의 판단은 세계를 단순화하지 않고, 세계의 복잡성을 그대로 끌어안은 채 이루어진다.

세계-내-존재로서 주민이 겪는 불안과 책임

세계 안에 놓여 있다는 것은 곧 불안정한 조건 속에 있다는 뜻이기도 하다. 주민은 자신의 판단이 언제든 수정될 수 있고, 예상하지 못한 결과를 낳을 수 있다는 사실을 알고 있다. 그러나 이 불안정성은 판단을 회피하게 만들기보다는, 오히려 판단을 피할 수 없게 만든다. 아무것도 하지 않는 것역시 하나의 선택이 되기 때문이다.

주민은 세계-내-존재로서 자신의 선택이 세계에 흔적을 남긴다는 사실을 체감하며 살아간다. 이때 책임은 사후적으로 부과되는 의무가 아니라, 판단과 동시에 발생하는 부담으로 경험된다. 주민은 제도적 절차를 통해 책임을 위임하기보다, 자신의 삶 속에서 직접 책임을 감당하며 살아간다. 이러한 책임의 경험은 주민의 판단을 더욱 신중하게 만들지만, 동시에 판단을 멈출 수 없게 만든다.

세계-내-존재로서 주민을 다시 정치의 중심에 놓는다는 것

주민을 세계-내-존재로 다시 사유한다는 것은, 정치의 주체를 다시 정의하는 일이다. 정치적 판단이 오직 세계로부터 거리를 둔 주체만이 할 수 있는 일이라는 전제를 내려놓고, 세계 속에서 살아가는 존재의 판단을 정치의 핵심으로 재배치하는 것이다. 이는 정치의 수준을 낮추는 것이 아니라, 정치가 실제로 발생하는 장소를 정확히 인식하는 작업이다.

주민은 세계 안에서 살아가기 때문에, 문제를 가장 먼저 경험하고, 그 문제의 변화를 가장 민감하게 감지한다. 이러한 감각은 제도적 판단 이전에 형성되며, 정치적 의사결정의 중요한 자원이 된다. 이것이 이 장에서 주민을 다시 발견하려는 이유이기도 하다. 주민은 세계 밖에서 정치를 바라보는 관객이 아니라, 세계 안에서 정치가 발생하도록 만드는 존재다. 이러한 관점 위에서 다음에는 주민의 판단이 왜 언제나 구체적일 수밖에 없는지를 더 깊이 살펴볼 것이다.

4. 주민의 판단은 왜 항상 구체적인가

주민의 판단은 사례에서 시작된다

주민의 판단이 항상 구체적으로 나타나는 이유는, 그 판단이 언제나 추상적 원칙이 아니라 구체적인 사례에서 출발하기 때문이다. 주민은 '일반적으로 무엇이 옳은가'라는 질문보다, '지금 이 상황에서 무엇을 해야 하는가'라는 질문 앞에 먼저 놓인다. 이 질문은 규칙을 적용하는 문제가 아니라, 상황을 해석하는 문제다. 주민의 판단은 하나의 사건, 하나의 관계, 하나의 변화 앞에서 시작되며, 그 사건이 갖는 맥락과 조건을 벗어날 수 없다.

근대 정치와 행정은 판단을 일반화 가능한 기준으로 정리하려 한다. 이는 대규모 사회를 운영하는 데 필수적인 방식이지만, 주민의 판단 방식과는 근본적으로 다르다. 주민은 규칙을 먼저 떠올리고 삶을 그에 맞추지 않는다. 오히려 이미 벌어진 삶의 문제 앞에서, 기존의 기준이 충분한지, 혹은 수정되어야 하는지를 묻게 된다. 이 때문에 주민의 판단은 항상 사례적이며, 동일한 문제라도 상황에 따라 다른 결론에 도달한다.

맥락 없는 판단은 주민에게 존재하지 않는다

주민의 판단에는 맥락이 제거된 상태가 거의 존재하지 않는다. 판단의 대상은 언제나 특정한 시간, 장소, 관계 속에 놓여 있으며, 이 조건들은 판단의 부수적 요소가 아니라 핵심 요소이다. 같은 선택이라 하더라도, 누가 관련되어 있는지, 어떤 과거의 경험이 축적되어 있는지, 이후 어떤 관계를 유지해야 하는지에 따라 판단의 의미는 전혀 달라진다.

이러한 맥락성 때문에 주민의 판단은 표준화되기 어렵다. 그러나 이것은 판단의 미숙함을 의미하지 않는다. 오히려 주민의 판단은 맥락을 제거하지 않기 때문에, 삶의 복잡성을 그대로 반영한다. 추상적 기준은 일관성을 제공할 수 있지만, 맥락을 충분히 설명하지 못한다. 반면 주민의 판단은 일관되지 않아 보일 수 있지만, 상황에 더 충실하다. 주민의 판단이 항상 구체적인 이유는, 주민이 세계를 단순화할 수 없는 위치에 있기 때문이다.

관계가 판단을 구체화한다

주민의 판단이 구체적인 또 다른 이유는, 그 판단이 언제나 관계 속에서 이루어지기 때문이다. 주민은 혼자만의 세계에서 판단하지 않는다. 가족, 이웃, 동료, 지역 공동체와의 관계는 판단의 조건이자 결과다. 어떤 선택을 하느냐는 단지 개인의 이익 문제가 아니라, 관계를 어떻게 유지하거나 변화시킬 것인가의 문제로 이어진다.

이러한 관계적 조건 속에서 판단은 더욱 세분화된다. 주민은 '옳다/그르다'라는 이분법적 기준보다, '감당 가능한가', '지속할 수 있는가', '관계를 파괴하지 않는가'와 같은 질문을 함께 고려한다. 이 질문들은 추상적 규칙으로는 포착되기 어렵다. 관계가 얽힌 판단은 언제나 구체적일 수밖에 없

으며, 그 구체성은 판단의 약점이 아니라 현실성의 근거가
된다.

구체성은 비효율이 아니라 정확성이다

주민의 판단이 구체적이라는 이유로, 종종 그것은 비효율
적이거나 비합리적인 것으로 평가된다. 행정과 제도의 관점
에서는, 동일한 문제에 대해 다른 판단이 내려지는 상황이
혼란으로 보일 수 있다. 그러나 삶의 문제를 다루는 데 있어
구체성은 비효율이 아니라 정확성에 가깝다. 문제의 조건이
다르다면, 판단 역시 달라지는 것이 오히려 합리적이다.

돌봄의 방식, 갈등의 조정, 위험의 인식과 대응은 모두 동
일한 해법을 적용할 수 없는 영역이다. 주민의 판단은 이 차
이를 감지하고 반영한다. 구체적인 판단은 문제를 빠르게
단순화하지 않지만, 대신 문제를 왜곡하지 않는다. 주민의
판단이 항상 구체적인 이유는, 삶의 문제 자체가 추상화에
저항하기 때문이다.

구체적 판단을 정치에서 배제해 온 방식

근대 정치 이론과 제도는 이러한 구체성을 다루는 데 어려
움을 느껴 왔다. 정치적 판단은 일반화 가능하고 재현 가능
한 기준 위에서 이루어져야 한다는 전제가 강하게 작동했기
때문이다. 그 결과 주민의 구체적 판단은 사적 선택이나 개

인적 감정으로 분류되었고, 정치적 판단의 범주에서 배제되었다.

그러나 이 배제는 주민의 판단이 정치적이지 않아서가 아니라, 정치가 다루기 불편했기 때문에 이루어진 것이다. 구체적 판단은 정답을 제공하지 않으며, 상황에 따라 계속 수정되어야 한다. 이러한 특성은 제도의 안정성과 충돌하지만, 삶의 현실과는 정확히 맞닿아 있다. 주민의 판단이 정치에서 배제된 것은 우연이 아니라, 정치의 편의에 따른 선택이었다.

주민의 판단이 구체적이라는 사실을 다시 받아들인다는 것

주민의 판단이 항상 구체적이라는 사실을 다시 받아들인다는 것은, 정치의 판단 기준을 재설정하는 일이다. 모든 판단을 일반화할 수 있다는 기대를 내려놓고, 어떤 판단은 오직 상황 속에서만 의미를 갖는다는 사실을 인정하는 것이다. 이는 정치의 후퇴가 아니라, 정치가 삶의 문제를 다시 다룰 수 있도록 만드는 전환이다.

주민의 판단은 구체적이기 때문에 불완전하지만, 바로 그 불완전성 덕분에 현실을 놓치지 않는다. 이 장에서 주민의 판단을 다시 사유하는 이유가 여기에 있다. 주민의 판단은 추상적 정치의 결핍을 보완하는 것이 아니라, 정치가 어디에서 시작되어야 하는지를 다시 묻는 기준이 된다. 이러한 관점 위에서 다음에는 주민 권력이 왜 본질적으로 집합적일 수밖에 없는지를 살펴볼 것이다.

5. 주민은 관계적 존재다

고립된 개인이 아닌, 관계 속에서 존재하는 주민

주민을 이해하는 데 있어 가장 중요한 특징 가운데 하나는, 주민이 결코 고립된 개인으로 존재하지 않는다는 사실이다. 주민은 언제나 누군가와의 관계 속에서 살아가며, 그 관계는 삶의 부수적 요소가 아니라 존재의 핵심 조건을 이룬다. 가족, 이웃, 동료, 지역사회와 맺는 관계는 주민이 선택할 수 있는 외적 환경이 아니라, 선택 이전에 이미 주어진 삶의 구조다. 주민은 관계를 맺은 뒤에 판단하는 존재가 아니라, 관계 속에 놓인 채로 판단할 수밖에 없는 존재다.

관계가 판단의 내용과 방식을 형성한다

이 관계성은 주민의 삶을 단순히 사회적으로 만드는 수준에 머물지 않는다. 주민의 관계는 판단의 방식과 내용 자체를 형성한다. 어떤 선택이 가능한지, 어떤 행동이 허용되는지, 무엇을 감수할 수 있는지는 개인의 의지나 선호만으로 결정되지 않는다. 그것은 언제나 관계의 지속 가능성, 타인의 삶에 미칠 영향, 이미 형성된 신뢰와 기억을 함께 고려하는 문제로 나타난다. 이때 판단은 개인 내부에서 완결되지 않고, 관계를 통해 조정되고 수정된다.

근대적 개인 주체와 주민의 관계적 삶의 대비

근대 정치 이론이 전제해 온 주체는 이러한 관계성을 일정 부분 제거한 존재다. 시민은 독립적 개인으로 상정되며, 관계는 계약이나 선택의 결과로 이해된다. 이 관점에서 관계는 언제든지 재구성되거나 종료될 수 있는 것으로 취급된다. 그러나 주민의 삶에서 관계는 그렇게 쉽게 해체되지 않는다. 이웃과의 관계, 지역에서의 평판, 오랜 시간에 걸쳐 형성된 신뢰는 단절이 아니라 지속을 전제로 한다. 주민은 관계를 떠날 수 없는 조건 속에서 살아가며, 바로 이 점에서 판단은 더욱 복잡해진다.

관계 속에서 이루어지는 갈등과 조정의 판단

주민의 관계적 존재 방식은 갈등의 양상에서도 드러난다. 주민의 갈등은 승패로 끝나는 경쟁이 아니라, 이후의 삶을 계속 함께 살아가야 한다는 조건 속에서 조정되어야 하는 문제로 나타난다. 따라서 주민의 판단은 갈등을 완전히 제거하는 해답보다, 갈등을 견디며 조정할 수 있는 선택을 향한다. 이 과정에서 판단은 타협이나 회피가 아니라, 관계를 유지하기 위한 현실적 조정으로 작동한다.

비효율처럼 보이는 관계적 판단의 정치적 의미

이러한 관계성 때문에 주민의 삶은 종종 비효율적으로 보인다. 빠른 결정, 명확한 결론, 일관된 기준은 관계를 고려하는 판단 앞에서 쉽게 흔들린다. 그러나 이 비효율성은 결함이 아니라, 관계적 존재로서의 삶이 갖는 필연적 특성이다. 주민은 관계를 끊어내는 대신, 관계 속에서 살아갈 방법을 찾는다. 이때 판단은 단순한 선택이 아니라, 관계를 감당하는 방식이 된다.

주민을 관계적 존재로 다시 사유한다는 것의 의미

주민을 관계적 존재로 다시 사유한다는 것은, 정치의 출발점을 개인의 의사나 권리 주장에만 두지 않는다는 뜻이다. 그것은 삶이 언제나 타인과 얽혀 있으며, 그 얽힘 속에서만 의미 있는 판단이 형성된다는 사실을 인정하는 일이다. 주민은 혼자 존재하지 않기 때문에, 혼자 판단하지도 않는다. 이 관계성은 이후 장에서 다루게 될 주민 권력의 집합성이나 공론장의 조건으로 곧바로 이어지지만, 그 이전에 주민이라는 존재 자체를 규정하는 근본 조건이다.

주민을 관계적 존재로 이해할 때, 우리는 비로소 정치가 삶의 현장에서 어떻게 시작되는지를 다시 볼 수 있다.

6. 주민의 취약성은 결함이 아니라 권력의 조건이다

취약성은 주민의 기본 조건이다

주민의 삶은 본질적으로 안정되지 않은 조건 위에 놓여 있다. 생계, 건강, 관계, 주거, 돌봄의 문제는 언제든 변화할 수 있으며, 주민은 이러한 불확실성을 완전히 제거할 수 없다. 이 불확실성은 개인의 무능이나 준비 부족에서 비롯된 것이 아니라, 세계 속에서 살아가는 존재에게 피할 수 없는 조건이다. 주민은 언제나 변화 가능성 속에서 살아가며, 바로 이 점에서 취약성은 예외적 상태가 아니라 일상적 상태에 가깝다.

근대 정치 질서는 이러한 취약성을 관리하거나 최소화해야 할 대상으로 이해해 왔다. 제도는 위험을 통제하고, 불확실성을 줄이며, 예측 가능한 질서를 유지하는 것을 목표로 삼는다. 이 과정에서 취약성은 종종 제거되어야 할 결함으로 취급된다. 그러나 주민의 삶에서는 취약성이 사라질수록 오히려 삶의 현실과 괴리가 커진다. 주민의 취약성은 제거할 수 없는 조건이며, 제거를 시도할수록 삶의 판단은 현실에서 벗어나게 된다.

취약성은 판단을 회피하지 못하게 만든다

취약성은 주민을 약하게 만들기만 하는 조건이 아니다. 오히려 취약성은 주민이 판단을 피할 수 없게 만드는 조건이다. 불확실한 상황에서는 선택을 미루거나 외부에 맡기는 것이 불가능해진다. 돌봄의 공백, 관계의 갈등, 생존의 위기는 주민에게 즉각적인 대응을 요구한다. 이때 판단은 선택의 문제가 아니라, 존재의 문제로 나타난다.

안정된 조건에서는 판단을 제도나 전문가에게 위임할 수 있다. 그러나 취약한 상황에서는 위임이 작동하지 않는다. 주민은 스스로 상황을 해석하고, 감당 가능한 선택을 해야 한다. 이 과정에서 판단은 추상적 규칙의 적용이 아니라, 삶을 유지하기 위한 현실적 조정으로 이루어진다. 취약성은 주민을 수동적 존재로 만들기보다, 판단의 주체로 밀어 올린다.

취약성은 관계를 호출한다

취약성은 개인을 고립시키기보다는, 관계를 필요로 하게 만든다. 혼자서 감당할 수 없는 조건 앞에서 주민은 타인과의 연결을 모색하게 된다. 도움을 요청하고, 경험을 공유하며, 함께 대응할 방식을 찾는 과정은 취약성에서 비롯된다. 이때 관계는 선택이 아니라 생존의 조건이 된다.

이러한 관계적 대응은 주민의 삶을 더욱 정치적으로 만든다. 취약성은 문제를 개인의 책임으로 환원하기 어렵게 만들며, 공동의 조건으로 인식하게 만든다. 주민은 자신의 취약함을 통해 타인의 취약함을 인식하고, 그 취약함이 연결되어 있다는 사실을 경험한다. 이 과정에서 삶의 문제는 더 이상 개인의 실패가 아니라, 함께 다루어야 할 사안으로 전환된다.

취약성은 지배 권력으로의 고착을 막는다

주민의 취약성은 권력이 특정 주체에게 고정되는 것을 방지하는 역할도 한다. 취약한 존재는 자신의 판단이 언제든 수정될 수 있음을 인식하며, 완결된 해답을 제시할 수 없다는 사실을 안다. 이 인식은 판단을 열어 두고, 타인의 관점을 받아들일 여지를 남긴다.

반대로 취약성이 제거된 권력은 쉽게 경직된다. 자신이 옳다고 확신하는 판단은 수정될 필요가 없다고 여겨지며, 다른 판단을 배제하게 된다. 주민 권력이 지배 권력으로 변질되지 않기 위해서는, 취약성이 유지되어야 한다. 취약성은 권력을 약화시키는 조건이 아니라, 권력이 스스로를 절대화하지 않도록 하는 안전장치다.

취약성을 권력의 조건으로 다시 사유한다는 것

주민의 취약성을 권력의 조건으로 다시 사유한다는 것은, 강함과 안정성만을 권력의 기준으로 삼아 온 기존 관점을 전환하는 일이다. 주민 권력은 불안정함 속에서도 판단을 지속할 수 있는 능력에서 형성된다. 실패할 가능성을 포함한 판단, 수정될 수 있는 선택, 완결되지 않은 결론은 주민 권력의 결핍이 아니라 구성 요소다.

이 장에서 취약성을 강조하는 이유가 여기에 있다. 주민은 취약하기 때문에 서로 연결되고, 판단을 공유하며, 권력을 고정시키지 않는다. 이러한 취약성 위에서만 주민 권력은 삶의 문제를 다루는 힘으로 남을 수 있다. 주민의 취약성은 극복해야 할 결함이 아니라, 주민 권력이 권력으로 작동하기 위한 필수 조건이다.

7. 세계-내-존재로서 주민의 재발견

주민의 재발견은 새로운 주체의 발명이 아니다

주민의 재발견은 정치 이론에 새로운 주체를 추가하려는 시도가 아니다. 그것은 기존의 시민 개념이 충분히 포착하지 못했던 존재 방식을 다시 정치의 시야 안으로 불러들이는 작업이다. 주민은 시민 이후에 등장하는 대안적 주체가 아니라, 시민이라는 개념이 성립하는 과정에서 추상화되고 배제되었던 삶의 주체다. 따라서 주민의 재발견은 '대체'의 논리가 아니라 '회복'의 논리에 가깝다.

이 관점에서 주민은 시민과 경쟁하지 않는다. 주민은 시민을 부정하지 않으며, 시민권이나 제도의 의미를 무효화하지도 않는다. 다만 시민이라는 제도적 주체가 전제하고 있는 삶의 기반을 다시 드러낼 뿐이다. 주민의 재발견은 정치의 범위를 확장하는 것이 아니라, 정치가 실제로 시작되는 지점을 정확히 짚어내는 작업이다.

정치의 출발점을 제도에서 삶으로 되돌리기

주민의 재발견이 갖는 가장 중요한 정치적 의미는, 정치의 출발점을 제도에서 삶으로 되돌린다는 점에 있다. 근대 정치 질서에서 정치는 법, 제도, 절차를 중심으로 이해되어 왔다. 이러한 이해는 사회를 안정적으로 운영하는 데 기여했지만, 삶의 문제를 정치의 주변부로 밀어내는 결과를 낳았다. 주민의 재발견은 이 전도를 바로잡는다.

삶은 정치의 결과물이 아니라 정치의 발생 조건이다. 돌봄의 공백, 관계의 갈등, 지역의 변화는 제도 이전에 삶의 현장에서 먼저 드러난다. 주민은 이 문제들을 가장 먼저 경험하고, 가장 먼저 대응한다. 주민의 재발견은 이러한 삶의 움직임을 정치의 주변이 아니라 중심에 놓으려는 시도다. 이는 정치의 수준을 낮추는 것이 아니라, 정치가 현실을 다시 다룰 수 있도록 만드는 전환이다.

추상적 주체에서 구체적인 주체로의 전환

주민의 재발견은 정치적 주체에 대한 이해를 근본적으로 바꾼다. 시민은 권리와 의무를 중심으로 정의되는 추상적 주체였지만, 주민은 관계, 장소, 시간 속에서 살아가는 구체적인 주체다. 이 전환은 단순한 개념의 변경이 아니라, 정치가 다루는 문제의 성격 자체를 변화시킨다.

구체적인 주체로서의 주민은 완결된 판단을 제시하지 않는다. 주민의 판단은 언제나 수정 가능하고, 상황에 따라 달라지며, 관계에 의해 조정된다. 이러한 판단 방식은 정치적으로 미숙해 보일 수 있지만, 바로 그 점에서 삶의 현실과 정확히 맞닿아 있다. 주민의 재발견은 정치가 추상적 일관성보다 현실의 복잡성을 감당할 수 있도록 만드는 조건을 제공한다.

권력을 다시 묻는 기준으로서의 주민

주민의 재발견은 권력을 하나 더 추가하는 작업이 아니다. 그것은 권력을 평가하고 배치하는 기준을 새롭게 설정하는 일이다. 권력은 누가 소유하는가의 문제가 아니라, 어디에서 형성되고 어떤 방식으로 작동하는가의 문제다. 주민의 재발견은 이 질문을 삶의 영역으로 이동시킨다.

주민을 기준으로 삼을 때, 권력은 강제력이나 제도적 권한보다 판단과 책임의 위치를 중심으로 재정의 된다. 누가 문제를 해석하는가, 그 판단의 결과를 누가 감당하는가라는 질문이 권력의 핵심 기준으로 등장한다. 이는 이후 장에서 다루게 될 주민 권력 논의의 출발점이 되며, 권력을 삶과 분리된 장치가 아니라 삶 속에서 작동하는 힘으로 이해하게 만든다.

주민은 고정된 주체가 아니며, 주민의 삶 역시 끊임없이 변화한다. 따라서 주민의 재발견은 한 번의 선언으로 끝날 수 없다. 그것은 반복적으로 확인되고, 갱신되어야 하는 정치적 실천이다. 이 점에서 주민 재발견은 불완전하고 느리며, 때로는 불안정하다. 그러나 바로 이러한 특성 때문에 주민의 재발견은 지배 권력을 지향하지 않는다. 주민의 재발견은 정치가 삶을 대신 판단하려는 유혹을 견제하고, 판단을 다시 삶의 당사자에게 돌려보내는 역할을 한다. 이것이 이 장이 도달하고자 하는 결론이다. 주민의 재발견은 새로운 권력을 선언하는 것이 아니라, 정치가 어디에서 시작되어야 하는지를 끊임없이 되묻는 기준이다.

제5장 한국 사회에서 주민 권력이 형성되지 못한 이유

1. 주민 권력의 부재는 '자발성의 결핍' 문제가 아니다

한국 사회에서 주민 권력의 부재를 설명할 때 가장 자주 등장하는 진단은 '주민이 자발적이지 않다'는 것이다. 주민이 무관심하고, 참여하지 않으며, 공동의 문제를 자신의 문제로 받아들이지 않는다는 평가가 반복된다. 이 진단은 겉으로 보기에는 경험적 사실과 부합하는 것처럼 보인다. 실제로 많은 공공 참여 프로그램에서 주민의 참여율은 낮고, 주민 조직은 지속성을 갖기 어렵다.

그러나 이 진단은 문제의 원인을 개인의 태도나 의식 수준으로 환원한다는 점에서 근본적으로 한계를 지닌다. 주민 권력의 부재를 자발성의 결핍으로 설명하는 순간, 분석은 구조를 놓치고 도덕적 평가로 이동한다. 주민은 설명의 대상이 아니라, 계몽과 동원의 대상으로 전환된다. 이 장이 제기하는 핵심 질문은 다르다. "왜 주민은 권력의 주체로 등장할 수 없는 구조 속에 놓여 있었는가?"

이 질문은 주민의 의지 이전에, 주민의 판단이 조직될 수 있었는지 여부를 묻는다.

자발성은 권력의 출발점이 아니라 결과다

주민 권력 논의에서 가장 빈번하게 오해되는 개념이 바로 자발성이다. 자발성은 흔히 주민 권력의 전제 조건으로 이해된다. 주민이 먼저 자발적으로 움직여야 권력이 형성된다는 인식이다. 그러나 권력 형성의 실제 과정에서 자발성은 출발점이 아니라 결과에 가깝다.

사람들은 아무런 판단 권한도, 책임도 없는 상황에서 지속적으로 자발적일 수 없다. 자발성은 자신의 판단이 실제로 작동하고, 그 결과가 다시 삶으로 되돌아오는 경험 속에서만 유지된다. 반대로 판단이 제도와 전문가에게 지속적으로 위임되는 구조에서는, 자발성은 빠르게 소진된다.

따라서 주민 권력의 부재를 자발성 부족으로 설명하는 것은, 결과를 원인으로 뒤바꾸는 오류에 해당한다.

판단은 늘 외부에서 이루어졌다

주민 권력이 형성되기 위해서는, 주민이 집합적으로 판단해 본 경험이 축적되어야 한다. 그러나 한국 사회의 근현대사를 돌아보면, 주민이 삶의 핵심 문제에 대해 집합적 판단의 주체로 등장할 기회는 극히 제한적이었다.

산업화·도시화·개발과 재개발·복지 확대·행정 팽창의 과정에서, 주민은 대부분 정책의 수혜자, 개발의 대상, 행정의 관리 대상, 참여의 객체 등의 위치에 놓였다.

주민은 늘 문제의 한가운데 있었지만, 문제를 정의하고 우선순위를 정하는 위치에 서지는 못했다. 판단은 항상 외부에서 이루어졌고, 주민은 그 판단에 적응하거나 요구하는 역할을 맡았다. 이러한 구조 속에서 주민에게 집합적 판단 능력이 축적되기 어려웠던 것은 당연한 결과다.

주민의 '침묵'은 무관심이 아니라 학습의 결과다

주민의 소극성과 침묵은 흔히 무관심이나 이기주의로 해석된다. 그러나 보다 정확하게 말하면, 그것은 학습된 결과다. 오랜 시간 동안 주민은 다음과 같은 메시지를 반복적으로 학습해 왔다.

- 중요한 결정은 위에서 내려온다
- 판단은 전문가와 행정의 몫이다
- 주민의 역할은 협조하거나 요구하는 것이다

이 학습은 강제나 억압을 통해서만 이루어진 것이 아니다. 오히려 상당 부분은 성공 경험을 통해 강화되었다. 국가와 행정이 실제로 많은 문제를 해결해 주었고, 주민은 그 결과를 수동적으로 누렸다.

이 성공의 기억은 주민이 판단의 주체로 성장할 필요성을 약화시켰다. 주민 권력이 형성되지 않은 이유는, 주민이 아무것도 하지 않았기 때문이 아니라, 하지 않아도 되었기 때문이다.

참여는 확대되었지만, 판단은 여전히 제도에 남았다

민주화 이후 한국 사회에서는 참여의 기회가 대폭 확대되었다. 공청회, 위원회, 주민설명회, 거버넌스 기구가 제도화되었다. 그러나 이 참여 구조는 주민의 판단을 요구하지 않았다.

주민은 의견을 제시할 수 있었지만, 선택의 부담을 지지 않았다. 결과에 대한 책임은 다시 제도와 행정으로 돌아갔다. 이 구조에서는 참여가 늘어날수록, 오히려 주민은 판단에서 멀어졌다. 주민 권력의 부재는 참여 부족의 문제가 아니라, 판단이 구조적으로 제거된 참여의 결과다.

주민 권력을 가로막은 것은 '의지'가 아니라 '구조'다

지금까지의 논의를 종합하면, 한국 사회에서 주민 권력이 형성되지 못한 이유는 다음과 같이 정리할 수 있다.

- 주민에게 판단할 기회가 주어지지 않았다
- 판단의 결과를 감당할 구조가 존재하지 않았다
- 실패를 학습으로 전환할 조건이 없었다
- 판단이 반복될 수 있는 공론장이 부재했다

이 조건들이 충족되지 않은 상태에서 주민에게 자발성을 요구하는 것은, 구조적 책임을 개인에게 전가하는 것에 불과하다.

관점의 전환이 필요하다

따라서 주민 권력의 형성을 위해 필요한 것은, 주민의 의식을 바꾸는 일이 아니다. 필요한 것은 다음과 같은 관점 전환이다.

- 주민을 계몽의 대상으로 보지 않는다
- 주민을 참여의 객체로 보지 않는다
- 주민을 판단의 주체로 재배치한다

이 전환은 주민에게 더 많은 부담을 지우는 것이 아니다. 오히려 지금까지 주민이 감당하지 못하도록 차단되어 왔던 판단의 자리를 되돌려주는 일이다.

주민 권력의 부재는 구조적 산물이다. 한국 사회에서 주민 권력이 형성되지 못한 것은 주민이 부족해서가 아니다. 그것은 오랜 시간 동안 주민의 판단이 체계적으로 대체되고, 위임되고, 흡수되어 온 구조의 결과다. 다음에는 이 구조를 만들어낸 핵심 역사적 조건, 즉 개발국가 체제가 주민의 판단을 어떻게 대체했는가를 본격적으로 분석한다.

2. 개발국가 체제는 주민의 판단을 어떻게 대체했는가

개발국가 체제의 성립과 판단의 중앙집중

한국 사회에서 주민 권력의 형성을 가로막은 중요한 구조적 배경 가운데 하나는 개발국가 체제다. 개발국가는 빠른 산업화와 경제 성장을 목표로, 국가가 사회 전반의 방향을 설정하고 자원을 집중적으로 배분하는 체제다. 이 체제의 핵심 원리는 속도와 효율이며, 이를 가능하게 하는 전제는 판단의 중앙집중이다.

판단이 중앙에 집중될수록 실행은 신속해진다. 산업 배치, 도시 계획, 인프라 확충, 인구 이동과 같은 대규모 결정은 분산된 판단으로는 수행될 수 없었다. 이 맥락에서 개발국가 체제는 주민의 판단을 배제한 것이 아니라, 의도적으로 대체했다. 국가가 판단하고, 주민은 따라가는 구조가 효율의 조건으로 설정되었다.

주민은 '판단의 주체'가 아니라 '동원의 대상'이었다

개발국가 체제에서 주민의 위치는 명확했다. 주민은 정책의 수혜자이자 동원 대상이었다. 주거 이전, 산업단지 조성, 도시 재개발, 농촌 근대화는 주민의 판단을 거치지 않고 결정되었다. 주민은 협의의 상대가 아니라 설명의 대상이었다.

이 과정에서 주민의 삶은 국가 목표를 달성하기 위한 수단으로 재배치되었다. 주민이 어디에서 살 것인지, 어떤 노동을 수행할 것인지, 어떤 방식으로 가족을 꾸릴 것인지는 개인의 판단이 아니라 국가 계획의 결과였다.

'중요한 결정은 위에서 내려온다'는 학습 효과

이 체제가 남긴 가장 깊은 흔적은 제도적 장치가 아니라 주민의 학습이다. 개발국가 체제는 주민에게 하나의 강력한 메시지를 반복적으로 전달했다. '중요한 결정은 위에서 내려온다.'

이 메시지는 단순한 기억이 아니라 행동 양식으로 내면화되었다. 주민은 문제를 겪을 때, 스스로 판단하기보다 국가와 행정을 먼저 떠올리게 되었다. 판단은 외부에 있고, 주민의 역할은 적응하거나 요구하는 것으로 축소되었다. 이 학습은 경제 성장이 일정 성과를 낳는 동안에는 문제로 인식되지 않았다. 오히려 효율적인 체제로 평가받았다. 국가가 판단했고, 주민은 결과를 누렸다. 이 성공 경험은 주민 권력의 필요성을 더욱 약화시켰다.

전문성과 행정의 결합을 통한 판단의 외주화

개발국가 체제는 판단을 단지 국가에만 집중시키지 않았다. 판단은 점차 전문가 집단과 행정 체계로 외주화되었다. 기술 관료, 계획 전문가, 경제 분석가가 판단의 정당성을 제공했다. 주민의 경험은 비전문적이고 감정적인 요소로 간주되었다.

이 구조에서 판단은 더욱 주민으로부터 멀어졌다. 주민은 문제를 겪는 존재였지만, 문제를 정의하는 존재로는 인정받지 못했다. 정의는 전문가의 몫이었고, 주민은 그 정의에 반응하는 위치로 남았다.

주민 판단의 비가시화와 탈정치화

개발국가 체제의 또 다른 효과는 주민 판단의 비가시화였다. 주민은 일상에서 끊임없이 판단했다. 이주할지 남을지, 가족을 어떻게 돌볼지, 갈등을 피할지 맞설지 결정했다. 그러나 이러한 판단은 공적 언어로 번역되지 않았고, 정치적 의미를 획득하지 못했다.

주민의 판단은 사적 영역으로 밀려났고, 공적 판단은 국가와 전문가의 영역으로 고정되었다. 이 분리는 주민 권력의 형성을 원천적으로 차단했다. 주민은 판단했지만, 그 판단은 정치가 되지 못했다.

개발국가 체제의 유산은 왜 민주화 이후에도 지속되었는가

개발국가 체제는 민주화 이후에도 쉽게 해체되지 않았다. 제도의 외형은 바뀌었지만, 판단의 구조는 상당 부분 유지되었다. 이는 개발국가 체제가 단지 권위주의적 정치 체제가 아니라, 삶을 조직하는 방식이었기 때문이다.

주민은 여전히 판단을 외부에 위임하는 데 익숙했고, 국가는 여전히 판단을 떠안는 구조를 유지했다. 이 구조는 민주화 이후 제도화 과정과 결합되며, 새로운 형태로 재생산되었다.

중요한 점은 개발국가 체제가 주민 권력을 노골적으로 억압하지 않았다는 사실이다. 주민 권력은 억압되어 사라진 것이 아니라, 대체되어 형성되지 못했다. 국가와 전문가가 판단을 대신하는 동안, 주민은 판단의 주체로 성장할 기회를 갖지 못했다. 이 공백은 이후 민주화와 참여 제도의 확대에도 불구하고 쉽게 메워지지 않았다.

다음에는 바로 이 지점, 민주화 이후 제도화가 왜 주민의 판단을 회복시키지 못했는가를 분석한다.

3. 민주화 이후 제도화는 왜 주민의 판단을 회복시키지 못했나

민주화 이후, 무엇이 바뀌었고, 무엇이 바뀌지 않았나

민주화는 분명 한국 사회에 중대한 변화를 가져왔다. 선거가 제도화되었고, 시민의 권리는 확대되었으며, 표현과 결사의 자유는 이전과 비교할 수 없을 정도로 보장되었다. 권위주의적 억압은 완화되었고, 공개적 비판과 참여는 정당한 정치 행위로 인정받게 되었다.

그러나 이러한 변화가 곧바로 주민 권력의 회복으로 이어지지는 않았다. 오히려 민주화 이후의 제도화 과정은 주민의 판단을 제도 내부로 흡수하면서, 삶의 영역에서 이루어지던 판단을 더욱 비가시화하는 결과를 낳았다. 이 역설을 이해하기 위해서는 민주화가 권력을 어떻게 재구성했는지를 살펴볼 필요가 있다.

강압에서 절차로: 권력 형태의 전환

민주화 이후 한국 사회에서 권력은 노골적인 강압에서 절차와 규칙의 형태로 전환되었다. 이전에는 권력이 위에서 직접 행사되었다면, 이후에는 법과 제도, 규정과 절차를 통해 행사되었다. 이는 분명 중요한 진전이었다. 그러나 이 전환은 권력이 사라졌다는 뜻이 아니라, 작동 방식이 정교해졌다는 의미였다.

이 과정에서 판단은 더욱 제도화되었다. 무엇이 문제인지, 어떤 해결책이 가능한지, 우선순위는 무엇인지는 제도 내부의 절차를 통해 결정되었다. 주민은 더 이상 침묵을 강요받지는 않았지만, 판단의 중심에 서지도 못했다. 권력은 덜 폭력적이 되었으나, 더 체계적으로 분산·관리되었다.

시민으로의 호명: 주민은 어떻게 '시민'이 되었는가

민주화 이후 주민은 시민으로 호명되었다. 이는 진보처럼 보였다. 시민은 권리를 가진 주체이며, 제도적 참여의 당사자이다. 그러나 이 시민적 주체성은 주민의 삶에서 출발한 것이 아니라, 제도에 참여하는 주체로서의 자리였다.

주민은 여전히 삶의 문제를 스스로 판단하는 주체로 회복되지 못했다. 오히려 판단은 제도와 전문가의 몫으로 남았고, 시민의 역할은 의견을 제출하고 절차에 참여하는 것으로 한정되었다. 이 구조에서 주민은 시민이 되었지만, 삶의 판단 주체가 되지는 못했다.

민주화는 주민 권력의 조건을 자동으로 만들지 않는다. 민주화는 필수적이었지만 충분하지 않았다. 권력의 폭력성을 줄였지만, 판단의 집중을 해소하지는 못했다. 주민 권력은 민주화의 자동적 산물이 아니라, 별도의 구조적 조건을 요구한다.

다음에는 이러한 조건이 왜 참여의 확대 속에서도 충족되지 않았는지, 즉 '참여의 확대는 왜 주민 권력으로 전환되지 않았는가'를 보다 구체적으로 분석한다.

4. 참여의 확대가 왜 주민 권력으로 전환되지 않았는가

민주화 이후 참여의 양적 확대

민주화 이후 한국 사회에서 가장 두드러진 변화 중 하나는 주민 참여의 제도적 확대였다. 공청회, 주민설명회, 각종 위원회와 협의체, 거버넌스 기구가 광범위하게 도입되면서 주민이 공적 의사결정 과정에 개입할 수 있는 통로는 과거에 비해 크게 늘어났다. 형식적으로만 보면, 한국 사회는 '참여의 사회'로 전환되었다고 말할 수 있을 정도였다.

그러나 이러한 참여의 확대는 주민 권력의 형성으로 이어지지 않았다. 참여 기회는 늘어났지만 주민은 더 강한 주체가 되지 못했고, 오히려 참여가 반복될수록 무력감과 냉소가 누적되었다. 이 괴리는 참여의 부족이 아니라, 참여가 권력으로 전환되지 않는 구조에서 비롯된다.

참여는 있었지만 판단은 부여되지 않았다

민주화 이후의 참여 제도는 주민에게 발언의 기회를 제공했지만, 판단의 권한을 부여하지 않았다. 주민은 의견을 말할 수 있었으나, 무엇을 선택할 것인지, 어떤 방향을 우선할 것인지는 대부분 제도와 행정이 이미 정해 놓은 상태였다. 주민의 발언은 정책 설계를 위한 참고 자료나 사회적 합의를 확인하는 절차로 활용되었을 뿐, 판단의 근거로 기능하지는 않았다.

이 구조에서 참여는 '말할 수 있는 권리'를 의미할 뿐, '결정할 수 있는 권한'을 의미하지 않는다. 참여가 늘어날수록 판단의 중심은 오히려 제도 내부로 더욱 고정되었고, 주민은 판단의 주체가 아니라 의견 제공자로 위치 지워졌다.

판단 없는 참여가 낳은 무력감

이러한 참여 구조는 역설적인 효과를 낳았다. 주민은 참여를 통해 자신의 의견을 표현했음에도 불구하고, 결과가 달라지지 않을 때 더 큰 무력감을 경험하게 되었다. '참여해도 소용없다'는 인식은 주민의 무관심이나 태만에서 비롯된 것이 아니라, 참여가 반복되었음에도 판단이 축적되지 않는 경험에서 형성된 것이다.

그 결과 참여는 자발적 실천이 아니라 형식적 절차로 인식되었고, 삶과 분리된 의무로 받아들여지기 시작했다. 참여는 있었지만, 주민은 스스로를 주체로 경험하지 못했다.

판단과 책임이 분리된 참여 구조가 주민의 성장을 가로막았다

민주화 이후 제도화된 참여 구조에서는 주민에게 발언의 기회는 주어졌지만, 판단과 그 결과에 대한 책임은 여전히 행정과 제도에 남아 있었다. 무엇을 선택할지, 그 선택의 결과를 어떻게 감당할지는 주민의 몫이 아니었고, 이로 인해 실패는 학습으로 이어지지 못했다. 참여가 제도화될수록 절차는 표준화되어 공정성과 효율성은 높아졌지만, 문제를 새롭게 정의하거나 우선순위를 재구성할 여지는 크게 줄어들었다. 그 결과 참여는 판단의 장이 아니라 의견을 수렴하는 절차로 축소되었고, 주민은 판단의 주체가 아니라 참여의 객체로 머물게 되었다.

참여의 확대와 비주체화의 심화

참여 제도는 주민을 보호한다. 그러나 그 보호는 주민을 판단의 부담으로부터 보호하는 방식으로 작동한다. 주민은 상처받지 않지만, 동시에 성장하지도 않는다. 판단의 실패를 경험하지 않기 때문에 판단 능력 역시 축적되지 않는다. 이 점에서 참여의 확대는 주민의 주체화를 촉진하기보다, 오히려 비주체화를 정교하게 재생산하는 결과를 낳았다. 주민은 말하는 시민이 되었지만, 선택하고 책임지는 주민으로 회복되지는 못했다.

참여 중심 민주주의의 구조적 한계

요약하면, 참여 중심 민주주의는 명확한 구조적 한계를 지닌다. 참여는 발언을 보장하지만 판단을 요구하지 않고, 절차는 정당성을 제공하지만 책임을 이동시키지 않으며, 보호는 제공되지만 학습은 차단된다. 이러한 구조에서는 주민 권력이 형성될 수 없다.

참여는 주민 권력의 필요조건일 수는 있지만 충분조건은 아니다. 판단과 책임이 결합되지 않는 참여는 오히려 주민 을 권력에서 더 멀어지게 만든다. 이 지점에서 주민 권력을 형성하기 위한 새로운 민주주의의 조건을 다시 질문할 필요 가 제기된다.

5. 행정국가와 전문가 체계는 어떻게 주민을 대체했는가

민주화 이후 강화된 행정국가의 역설

민주화 이후 국가의 역할은 축소되기보다는 오히려 재구 조화되었다. 권위주의적 통치는 약화되었지만, 행정은 더욱 전문화·세분화되었다. 정책 영역은 확대되었고, 행정은 문 제 해결의 주체로서 사회 전반에 깊숙이 개입하게 되었다. 이 과정에서 국가는 '덜 보이는 방식'으로 더 많이 개입하는 행정국가로 전환되었다.

행정국가는 명령과 통제가 아니라, 관리와 조정을 통해 작 동한다. 규정, 지침, 매뉴얼, 평가 지표, 성과 관리가 정책의 핵심 언어가 되었다. 이 언어는 중립적이고 합리적으로 보 이지만, 동시에 판단의 자리를 제도 내부로 고정시키는 효 과를 낳았다.

전문가 체계의 부상과 판단의 독점

행정국가의 확장은 전문가 체계의 강화와 분리될 수 없다. 정책은 점점 더 복잡해졌고, 전문성은 의사결정의 핵심 기준으로 자리 잡았다. 경제학자, 도시계획가, 사회복지 전문가, 정책 컨설턴트는 문제를 분석하고 해법을 제시하는 핵심 행위자로 부상했다.

이 과정에서 주민의 경험과 판단은 '주관적'이라는 이유로 주변화되었다. 전문가의 판단은 객관성과 과학성을 갖는 것으로 인정받았고, 주민의 판단은 감정적이고 비체계적인 것으로 분류되었다. 문제는 전문가가 틀렸다는 데 있지 않다. 문제는 전문가의 판단이 주민의 판단을 대체하는 구조로 작동했다는 점이다.

문제 정의의 이동: 주민에서 제도로

주민 권력의 핵심은 문제를 정의(定義)하는 능력이다. 그러나 행정국가와 전문가 체계가 결합된 구조에서는 문제 정의의 권한이 주민에게 있지 않다. 무엇이 문제인지, 어떤 지표로 측정할 것인지, 어떤 범주로 분류할 것인지는 제도와 전문가가 결정한다.

이 과정에서 주민은 문제를 '겪는 존재'로 남고, 문제를 '정의하는 존재'로는 인정받지 못한다. 주민의 경험은 조사 자료나 사례로 수집되지만, 판단의 기준으로 채택되지는 않는다. 주민은 설명을 듣고 동의 여부를 표시하는 존재로 위치 지워진다.

관리의 언어가 만드는 비정치성

행정국가의 언어는 관리(管理)의 언어다. 효율성, 합리성, 지속 가능성, 성과 지표는 정치적 갈등을 기술적 문제로 전환한다. 이 전환은 갈등을 완화하는 듯 보이지만, 동시에 판단의 정치성을 제거한다.

주민의 불안, 관계의 균열, 돌봄의 공백은 지표와 수치로 환원된다. 이 환원 과정에서 삶의 맥락은 삭제되고, 판단의 여지는 사라진다. 주민은 더 이상 판단할 필요가 없는 존재가 된다. 판단은 이미 전문가의 분석과 행정의 설계 속에서 완료되었기 때문이다.

보호와 배려의 얼굴을 한 대체

행정국가와 전문가 체계는 주민을 억압하지 않는다. 오히려 보호하고 배려한다. 참여를 허용하고, 의견을 수렴하며, 주민의 부담을 덜어준다. 그러나 바로 이 점에서 대체는 더 강력하게 작동한다. 주민은 배제되었다고 느끼지 않는다. 오히려 '반영되었다'는 감각을 갖는다. 그러나 판단의 핵심은 여전히 제도에 남아 있다. 주민은 말할 수 있지만, 선택하지 않는다. 이 구조는 주민 권력을 약화시키면서도, 그 약화를 잘 보이지 않게 만든다.

행정과 전문가 결합 구조의 자기강화 메커니즘

행정국가와 전문가 체계는 서로를 강화한다. 행정은 전문가의 분석을 통해 정당성을 확보하고, 전문가는 행정의 요구를 통해 자신의 판단을 사회적으로 관철한다. 이 결합으로 주민이 판단에 끼어들 여지는 점점 줄어든다. 이 구조에서는 문제가 반복될수록 더 많은 관리와 더 정교한 전문가 개입이 요청된다. 그러나 문제는 해결되지 않는다. 이유는 분명하다. 판단의 주체가 이동하지 않았기 때문이다.

주민 권력의 공백과 그 결과

이러한 구조 속에서 주민 권력은 형성되지 않는다. 주민은 요구하고, 참여하고, 설명을 듣지만, 판단하지 않는다. 판단하지 않기 때문에 책임도 지지 않는다. 책임을 지지 않기 때문에 학습도 축적되지 않는다. 그 결과 한국 사회는 다음과 같은 상태에 이르게 된다.

• 정책은 늘어나지만 삶의 문제는 줄지 않는다
• 참여는 확대되지만 무력감은 심화된다
• 전문성은 강화되지만 신뢰는 약화된다

이는 개인의 문제가 아니라 구조의 결과다.

주민 권력은 억압이 아니라 '대체' 속에서 사라진다. 한국 사회에서 주민 권력이 형성되지 못한 이유는 국가 권력이 주민을 억압했기 때문이 아니다. 오히려 주민의 판단은 국가, 행정, 전문가에 의해 성공적으로 대체되었다. 이 대체는 효율과 보호의 이름으로 이루어졌고, 그만큼 더 깊게 내면화되었다. 주민 권력의 부재는 주민의 결핍이 아니라, 구조의 산물이다.

다음 장에서는 이 구조적 분석을 넘어, 주민 권력이 무엇이며 어떻게 다시 형성될 수 있는가를 본격적으로 정의한다.

제6장 주민 권력의 핵심 구조
— 판단은 어떻게 권력이 되는가

1. 주민 권력의 핵심은 참여가 아니라 판단이다

참여 확대 중심 접근의 한계와 반복된 실패

주민 권력을 이해할 때 가장 먼저 바로잡아야 할 오해는 '참여'와 관련된 인식이다. 오랫동안 주민 권력은 참여의 양을 얼마나 늘릴 수 있는가, 제도적 권한을 얼마나 더 부여할 수 있는가, 혹은 대표성을 얼마나 확대할 수 있는가의 문제로 다루어져 왔다. 주민참여예산제 도입, 각종 위원회 설치, 공청회와 의견수렴 절차의 확대 등은 이러한 인식 위에서 설계되었다.

그러나 기존 논의가 충분히 보여주었듯이, 이러한 접근은 실질적인 주민 권력을 형성하는 데 반복적으로 실패해 왔다. 참여의 기회는 늘어났지만, 주민이 자신의 삶을 통제하고 있다는 감각은 오히려 약화되었고, 참여는 점점 형식적 절차로 인식되었다. 이는 참여 자체가 잘못되었기 때문이 아니라, 참여가 작동하는 지점이 잘못 설정되어 있었기 때문이다.

주민 권력의 핵심 전환: 참여의 문제가 아니라 판단의 문제

여기서 추가로 분명히 해야 할 핵심은, 주민 권력의 문제는 참여의 결과나 이후 단계에 있지 않다는 점이다. 주민 권력은 '얼마나 많이 참여하는가'의 문제가 아니라, '무엇을 판단하고 있는가'의 문제다. 참여는 언제나 이미 형성된 틀속으로 들어가는 행위다. 회의에 참석하고, 의견을 제출하고, 투표에 참여하는 행위는 모두 특정한 판단 구조를 전제로 한다. 그 판단 구조란 무엇이 문제로 설정되어 있는지, 어떤 기준이 타당하다고 간주되는지, 어떤 선택지가 합리적인 것으로 제시되는지를 포함한다. 이 구조가 참여 이전에 이미 외부에서 설정되어 있다면, 주민은 아무리 적극적으로 참여하더라도 판단의 주체가 되지 못한다.

참여의 심화가 아닌 판단 구조의 이동으로서의 주민 권력

따라서 주민 권력을 참여의 심화로 이해하는 관점은 한계를 가질 수밖에 없다. 주민 권력은 참여의 양적 확대나 절차적 개선을 통해 형성되지 않는다. 주민 권력의 본질은 참여의 문제가 아니라, 판단이 이루어지는 구조가 어디에 놓여 있는가에 있다. 주민 권력이란 기존의 판단 구조 안으로 주민을 더 깊이 끌어들이는 것이 아니라, 그 판단 구조 자체를 이동시키는 것을 의미한다. 다시 말해, 무엇이 문제인지, 어떤 기준으로 상황을 해석할 것인지, 무엇을 선택 가능한 대안으로 볼 것인지를 주민 스스로 묻고 형성하는 구조로의 전환이 곧 주민 권력이다.

제도 참여 이전에 작동하는 정치적 능력으로서의 주민 권력

이러한 관점에서 볼 때, 주민 권력은 제도 참여의 최종 단계가 아니라, 제도 참여 이전에 작동하는 정치적 능력이다. 주민 권력은 참여의 결과로 생기는 것이 아니라, 참여가 가능해지는 전제 조건으로서의 판단 능력에 관한 문제다. 판단 구조가 이동하지 않는 한, 참여는 아무리 확대되어도 권력으로 전화되지 않는다. 주민 권력은 바로 이 지점을 겨냥한다. 그것은 참여를 더 요구하는 개념이 아니라, 참여가 종속되어 있던 판단의 위치를 삶의 영역으로 되돌려 놓으려는 개념이다.

2. 결정보다 판단이 중요한 이유

주민 권력은 결정권을 넘겨받는 일이 아니다

주민 권력을 둘러싼 논의에서 자주 등장하는 오해 가운데 하나는, 주민 권력을 곧바로 '주민에게 결정권을 줘야 한다'는 주장으로 환원하는 것이다. 이 관점에서는 권력의 핵심을 '결정을 내릴 수 있는 권한'으로 이해하며, 주민 권력의 실현 역시 국가나 행정이 행사하던 결정권을 아래로 이전하는 문제로 설정한다. 그러나 이러한 접근은 언뜻 급진적으로 보일 수 있으나, 실제로는 기존 권력 개념을 그대로 유지한 채 주체만 바꾸는 방식에 가깝다. 더 나아가 이 접근은 오히려 주민 권력의 본질을 흐리고, 주민 권력을 또 하나의 '결정 경쟁'으로 전락시킬 위험을 내포한다.

결정과 판단의 구분: 결과로서의 결정, 과정으로서의 판단

이를 이해하기 위해서는 결정과 판단의 차이를 명확히 구분할 필요가 있다. 결정(decision)이란 이미 형성된 판단을 전제로 하여, 여러 선택지 가운데 하나를 고르는 행위다. 다시 말해 결정은 판단의 결과이며, 판단이 없이는 성립할 수 없다. 반면 판단(judgment)은 그보다 훨씬 앞선 단계에서 이루어진다. 판단은 무엇이 문제로 간주되어야 하는지, 어떤 기준이 타당하다고 볼 수 있는지, 그리고 무엇을 선택 가능한 대안으로 삼을 것인지를 묻는 행위다. 판단은 선택지 자체를 구성하는 과정이며, 따라서 권력은 종종 결정의 순간이 아니라 판단의 단계에서 가장 강력하게 작동한다.

삶의 문제는 결정에 앞서 충분한 판단이 필요하다

국가와 제도는 주로 결정을 담당한다. 법률 제정, 예산 배분, 행정 집행은 모두 결정을 통해 이루어진다. 이러한 결정들은 사회 운영에 필수적이지만, 모든 문제를 결정의 대상으로 환원할 수는 없다. 특히 삶의 영역에서 발생하는 문제들은 결정 이전에 충분한 판단 과정을 필요로 한다. 돌봄의 방식, 관계 갈등의 해석, 위험을 어떻게 인식할 것인지에 대한 문제, 지역 변화에 대한 대응은 어느 하나를 즉각적으로 선택한다고 해결되지 않는다. 이러한 문제들은 맥락과 관계, 경험의 차이를 포함하고 있기 때문에, 먼저 무엇이 문제인지 자체를 함께 판단하는 과정이 필요하다.

결정은 늘어나고 문제는 누적된다

이런 측면에서 판단이 상실된 사회는 역설적인 상황에 놓이게 된다. 결정을 내리는 횟수는 늘어나지만, 문제는 해결되지 않는다. 정책은 계속 만들어지고, 제도는 계속 개편되지만, 삶의 불안과 갈등은 오히려 누적된다. 이는 결정이 부족해서가 아니라, 결정 이전의 판단이 비어 있기 때문이다. 판단이 제도와 전문가에 의해 독점될수록, 주민은 자신의 삶과 직접적으로 연결된 문제에 대해 판단할 기회를 잃게 되고, 결정의 결과만을 감내하는 존재로 남게 된다.

주민 권력은 판단을 회복하는 것이다

이러한 맥락에서 주민 권력은 결정권의 하향 이전을 요구하는 개념이 아니다. 주민 권력은 국가나 행정이 행사하던 결정을 주민이 대신 내려야 한다는 주장과도 다르다. 주민 권력이 겨냥하는 것은 결정을 누가 내리느냐의 문제가 아니라, 결정이 형성되기 이전의 판단이 어디에서 이루어지느냐의 문제다. 주민 권력은 바로 이 판단의 위치를 삶의 영역으로 되돌려 놓으려는 시도이며, 주민이 자신의 삶의 문제를 해석하고 기준을 세울 수 있는 권한을 회복하는 것을 의미한다.

따라서 주민 권력은 결정권의 확대가 아니라 판단권의 회복이다. 주민 권력은 결정을 직접 행사하지 않더라도, 결정의 방향과 범위를 규정하는 판단을 형성함으로써 작동한다. 이때 주민은 더 이상 정책의 수혜자나 행정의 대상이 아니라, 자신의 삶을 해석하는 주체로 등장한다. 주민 권력의 핵심은 바로 이 지점에 있다. 권력은 결정을 통해 행사되는 것이 아니라, 무엇을 결정할 것인지를 함께 판단할 수 있을 때 비로소 형성된다.

3. 주민의 판단이 권력이 되지 못하는 이유

모든 판단이 권력이 되는 것은 아니다

주민의 판단이 권력으로 전환되지 못하는 현실을 설명할 때, 흔히 주민을 무관심하거나 수동적인 존재로 묘사하는 경우가 많다. 그러나 이는 사실과 다르다. 주민은 판단하지 않는 존재가 아니다. 오히려 주민의 삶은 끊임없는 판단의 연속이다. 오늘 무엇을 선택할지, 어떤 관계를 유지할지, 어떤 위험을 감수할지, 어떤 불편을 참아야 할지에 대한 판단은 일상의 거의 모든 순간에 개입한다. 주민은 매일같이 자신의 삶을 조정하며 수많은 판단을 내리고 있다. 그럼에도 불구하고 이 판단들이 왜 권력이 되지 못하는가라는 질문이 남는다.

개인의 생존 전략으로 소진되는 판단

그 이유는 판단이 존재하지 않아서가 아니라, 판단이 개인의 생존 전략으로 소진되기 때문이다. 주민의 판단은 이루어지지만, 그 판단은 고립된 상태로 소비된다. 판단은 특정 상황을 넘기기 위한 즉각적인 대응으로 사용되고, 다음 순간에는 사라진다. 이 과정에서 판단은 다른 사람의 판단과 연결되지 않는다. 각자의 판단은 각자의 삶 속에 흩어져 있으며, 공동의 문제로 엮이지 않는다. 판단이 연결되지 기 때문에, 그것은 개인의 경험에 머물고 정치적 의미를 획득하지 못한다.

기억되지 않는 판단과 축적의 부재

더 나아가 이러한 판단은 기억되지 않는다. 판단의 이유와 맥락, 그 판단이 낳은 결과는 개인의 기억 속에만 남거나, 시간이 지나며 잊힌다. 제도나 공동체 차원에서 이 판단을 저장하고 되돌아볼 장치가 부재한 상황에서, 판단은 반복되지만 축적되지 않는다. 같은 문제가 다시 발생해도, 과거의 판단은 다음 판단을 변화시키지 못하고, 주민은 매번 처음 겪는 것처럼 문제에 대응하게 된다. 이때 판단은 학습의 자원이 아니라, 소모되는 에너지로 전락한다.

판단의 반복이 낳는 무력감과 판단 회피

이러한 상태에서는 판단이 많아질수록 오히려 무력감이 커진다. 판단의 횟수는 늘어나지만, 그 판단이 사회적 힘으로 전환되지 않기 때문이다. 주민은 '계속 판단하고 있음에도 불구하고 아무것도 바뀌지 않는다'는 경험을 반복하게 되고, 이는 판단 자체에 대한 회의로 이어진다. 결국 주민은 판단을 회피하거나, 판단을 외부에 맡기는 쪽을 선택하게 된다. 전문가, 제도, 행정이 대신 판단해 주기를 기대하게 되는 순간, 주민의 판단 능력은 더욱 위축된다.

주민 권력이란 판단의 축적 구조를 만드는 것

바로 이 지점에서 주민 권력의 핵심 질문이 다시 등장한
다. 주민 권력의 문제는 '주민이 판단하는가'라는 질문만으
로는 설명될 수 없다. 주민은 이미 충분히 판단하고 있다.
중요한 질문은 '그 판단이 어떻게 축적되는가'이다. 판단이
연결되고, 기억되고, 다음 판단을 변화시키는 구조가 형성
될 때에만 판단은 개인적 대응을 넘어 집합적 힘으로 전환
된다. 주민 권력이란 판단의 양을 늘리는 것이 아니라, 판단
이 소진되지 않고 남을 수 있는 조건을 만들어내는 것이다.
이 조건이 충족되지 않으면, 아무리 많은 판단도 권력으로
전화되지 않는다.

4. 판단이 권력이 되기 위한 네 가지 조건

판단이 권력이 되기 위한 구조적 전제

주민의 판단이 개인적 선택에 머무르지 않고 집합적 권력
으로 전환되기 위해서는, 단순히 판단이 존재한다는 사실만
으로는 충분하지 않다. 앞서 살펴본 것처럼 주민의 삶에는
이미 수많은 판단이 존재하지만, 그 대부분은 소진되거나
고립된 상태로 남는다. 판단이 권력이 되기 위해서는 특정
한 조건들이 동시에 충족되어야 하며, 이 조건들은 판단을

의견이나 감정 표현이 아니라 정치적 힘으로 전환시키는 구조적 요건에 해당한다. 이 가운데 핵심적인 조건을 네 가지로 정리할 수 있다.

첫 번째 조건: 판단은 말할 수 있어야 한다

판단이 개인의 내면에 머무를 때, 그것은 결코 권력이 될수 없다. 삶의 경험에서 비롯된 불편과 불안, 문제 인식은 표현될 수 있어야 하며, 그 표현이 허용되는 구조가 존재해야 한다. 여기서 중요한 것은 논리의 정교함이나 언어의 세련됨이 아니다. 주민의 판단은 종종 완성된 주장이나 논증의 형태가 아니라, 단편적인 경험과 감정, 어색한 언어로 나타난다. 그럼에도 불구하고 이러한 표현이 말해질 수 있을때, 판단은 비로소 공적인 성격을 갖기 시작한다. 주민 권력의 출발점은 잘 다듬어진 주장보다, 삶에서 우러나온 경험의 진실성이 존중되는 구조에 있다.

두 번째 조건: 판단은 연결되어야 한다

개인의 판단이 '나만의 문제'로 남아 있는 한, 그것은 정치적 힘으로 전환되지 않는다. 판단이 다른 사람의 경험과 만나고, 서로의 판단이 겹치거나 충돌하는 과정 속에서, 문제는 개인적 차원을 넘어 공동의 사안으로 재구성된다. 이 순간 판단은 사적인 불만을 넘어 공적인 의미를 획득한다. 연결되지 않은 판단은 불평이나 불만에 머물지만, 연결된 판단은 문제의 구조를 드러내고, 함께 다루어야 할 사안으로 인식된다. 주민 권력은 바로 이 연결의 과정 속에서 형성되며, 판단이 관계를 통해 묶일 때 비로소 집합적 힘을 갖게 된다.

세 번째 조건: 판단은 선택을 포함해야 한다

판단은 단순한 요구나 비판과 구별된다. 요구와 비판은 책임을 외부로 돌릴 수 있지만, 판단은 언제나 선택을 수반한다. 무엇을 할 것인가 뿐만 아니라, 무엇을 하지 않을 것인가, 무엇을 포기할 것인가를 함께 묻는 것이 판단이다. 선택이 포함되지 않은 판단은 위험을 감수하지 않으며, 따라서 권력이 되지 못한다. 주민 권력에서 판단이 중요하다는 말은, 주민이 모든 것을 요구할 수 있다는 뜻이 아니라, 제한된 조건 속에서 어떤 선택을 감당할 것인지를 스스로 결정할 수 있어야 한다는 뜻이다. 선택 없는 판단은 권력이 되지 못한다.

네 번째 조건: 판단은 책임으로 되돌아와야 한다

판단이 권력이 되기 위해서는 그 결과가 다시 판단의 주체에게 돌아오는 구조가 필요하다. 선택의 결과가 삶 속에서 체감되지 않는다면, 판단은 학습되지 않는다. 주민 권력은 성공의 축적에서만 형성되지 않는다. 오히려 실패를 어떻게 기억하고, 그 실패를 다음 판단에 반영할 수 있는가에 따라 성장한다. 실패가 개인에게만 귀속되거나, 외부로 전가되는 구조에서는 판단은 반복되지만 성숙하지 않는다. 반대로 실패가 공동의 경험으로 남고, 그 경험이 다음 선택의 기준으로 작동할 때, 판단은 점차 힘을 갖게 된다.

네 조건의 결합: 판단이 권력이 되는 순간

이 네 가지 조건은 각각 독립적으로 작동하지 않는다. 판단이 말해질 수 있어도 연결되지 않으면 고립되고, 연결되어도 선택이 없으면 책임을 동반하지 않으며, 선택이 있어도 결과가 환류되지 않으면 학습으로 이어지지 않는다. 주민 권력은 이 네 조건이 동시에 충족될 때 비로소 형성된다. 따라서 주민 권력을 키운다는 것은 판단의 내용을 정답으로 만드는 일이 아니라, 판단이 말해지고, 연결되고, 선택을 포함하며, 책임으로 되돌아오는 구조를 만드는 일이다. 바로 이 구조가 존재할 때, 주민의 판단은 개인적 선택을 넘어 집합적 권력으로 전환된다.

5. 주민 권력은 왜 본질적으로 집합적인가

개인 역량 강화로는 형성되지 않는 주민 권력

주민 권력은 흔히 개인의 역량을 강화하는 문제로 오해되곤 한다. 더 똑똑한 주민, 더 적극적인 시민, 더 많은 지식을 가진 개인이 늘어나면 주민 권력이 자연스럽게 형성될 것이라고 기대한다. 그러나 이러한 관점은 주민 권력의 성격을 근본적으로 오해한 것이다. 주민 권력은 개인의 능력이 아무리 향상되더라도, 그것이 곧바로 형성되는 힘이 아니다. 아무리 뛰어난 개인이라 하더라도, 혼자 판단하고 혼자 책임지는 구조 속에서는 권력을 만들어낼 수 없다. 개인의 판단은 삶을 유지하는 데에는 충분할 수 있지만, 사회적 힘으로 전환되기에는 구조적으로 한계가 있다.

주민 권력의 집합성: 수적 다수가 아닌 '판단이 남는 구조'

이 지점에서 주민 권력의 본질적 성격이 드러난다. 주민 권력은 본질적으로 집합적이다. 그러나 이 집합성은 단순히 사람의 수가 많다는 의미가 아니다. 주민 권력의 집합성이란 수적 다수의 존재가 아니라, 판단이 남는 구조를 의미한다. 다시 말해 중요한 것은 얼마나 많은 사람이 판단하느냐가 아니라, 그 판단이 사라지지 않고 다음 판단으로 이어질 수 있는 조건이 마련되어 있는가이다. 판단이 개인의 경험 속에 흩어져 소멸되는 구조에서는 아무리 많은 개인이 판단하더라도 권력은 형성되지 않는다. 주민 권력이 집합적 힘으로 형성되기 위해서는 다음과 같은 세 가지 요소가 필수

적으로 결합되어야 한다

첫 번째 요소: 판단이 반복되는 공간으로서의 공론장

공론장은 단순히 사람들이 모여 의견을 나누는 장소가 아니다. 공론장은 판단이 한 번으로 끝나지 않고, 반복될 수 있는 공간이다. 이전의 판단이 다음 논의의 출발점이 되고, 판단의 이유와 결과가 공유되는 구조가 공론장을 통해 유지될 때, 판단은 단발적 발언을 넘어 축적의 가능성을 갖게 된다. 공론장이 부재한 사회에서는 판단이 매번 새로 시작되며, 이전의 경험은 쉽게 잊힌다.

두 번째 요소: 판단이 숙성되는 조건으로서의 시간

판단은 즉각적으로 완성되지 않는다. 서로 다른 경험과 관점이 충돌하고, 갈등과 수정의 과정을 거치면서 판단은 점차 숙성된다. 이 과정에는 시간이 필요하다. 주민 권력의 관점에서 시간은 비효율이 아니라 필수 조건이다. 충분한 시간이 보장되지 않을 때, 판단은 성급한 합의나 표면적 타협으로 수렴되기 쉽고, 그 결과는 다시 문제를 재생산한다. 주민 권력은 빠른 결론이 아니라, 되돌아볼 수 있는 판단의 형성을 요구한다.

세 번째 요소: 판단을 축적하는 장치로서의 기억

판단이 축적되기 위해서는 그것이 사라지지 않도록 붙잡아 둘 장치가 필요하다. 이 기억은 단순한 기록을 의미하지 않는다. 문서와 보고서는 중요하지만, 주민 권력에서 더 중요한 것은 판단이 어떤 맥락에서 이루어졌고, 어떤 선택과 실패를 거쳤는지를 공유하는 기억이다. 이러한 기억은 서사의 형태로 전달되며, 새로운 참여자에게 판단의 역사와 책임의 무게를 전한다. 기억이 없는 판단은 반복되지만, 학습되지 않는다.

개인의 경험에서 공동의 자산으로: 집합적 권력의 형성

공론장, 시간, 기억이라는 이 세 요소가 결합될 때, 판단은 개인의 경험을 넘어 공동의 자산으로 전환된다. 이때 주민 권력은 비로소 형성된다. 주민 권력은 뛰어난 개인이 이끄는 힘이 아니라, 판단이 남고 이어지는 구조가 만들어낼 수 있는 힘이다. 바로 이 점에서 주민 권력은 본질적으로 집합적이며, 개인의 역량 강화만으로는 결코 대체될 수 없는 정치적 능력으로 자리 잡는다.

6. 주민 권력은 왜 느리고, 왜 취약한가

느림의 기원: 결함이 아니라 판단의 작동 조건

주민 권력은 빠를 수 없다. 이 느림은 실행력의 부족이나 조직 역량의 결함에서 비롯된 것이 아니라, 주민 권력이 작동하는 방식 그 자체에서 비롯되는 필연적 성격이다. 주민 권력의 핵심 자원이 판단이라는 점을 고려하면, 그 느림은 오히려 조건에 가깝다. 판단은 단독으로 정교해지지 않는다. 판단은 언제나 관계 속에서 다듬어지고, 타인의 관점과 충돌하며 수정된다. 그러나 관계는 즉각적으로 형성될 수 있는 것이 아니며, 신뢰와 이해, 갈등을 견디는 경험이 축적되는 시간을 필요로 한다. 이 시간은 압축될 수 없고, 대체될 수도 없다. 따라서 주민 권력이 느리다는 사실은 비효율의 징표가 아니라, 판단이 실제로 작동하고 있다는 신호이다.

속도의 유혹과 판단의 형식화 위험

주민 권력이 빠른 결론에 도달하려 할수록, 판단은 표면화되고 형식화될 위험이 커진다. 충분한 관계 형성과 숙성의 과정을 거치지 않은 판단은 쉽게 합의라는 이름으로 봉합되지만, 그 합의는 다시 갈등을 재생산한다. 주민 권력의 관점에서 중요한 것은 속도가 아니라, 되돌릴 수 있고 수정 가능한 판단이다. 이러한 판단은 시간이 흐르면서 경험을 흡수하고, 실패를 반영하며, 점차 정교해진다. 주민 권력의 느림은 바로 이 학습의 리듬을 가능하게 한다.

취약성의 구조적 이유: 관계와 기억에 의존하는 권력

한편 주민 권력은 쉽게 사라진다. 이 취약성 역시 우연적 특징이 아니라 구조적 성격이다. 주민 권력은 법이나 제도처럼 고정된 형태로 저장되지 않는다. 주민 권력은 관계와 기억 위에 놓인 힘이며, 이 관계와 기억이 약화되거나 단절되는 순간 함께 소멸한다. 참여하던 사람들이 흩어지고, 판단의 맥락이 공유되지 않으며, 과거의 선택과 실패가 잊힐 때 주민 권력은 흔적 없이 사라진다. 이 점에서 주민 권력은 항상 불안정하며, 유지와 재생산을 위한 지속적인 노력을 요구한다.

취약성의 정치적 의미: 지배 권력으로의 변질을 막는 조건

그러나 이러한 취약성은 주민 권력의 약점이 아니라, 중요한 정치적 장점이기도 하다. 주민 권력이 쉽게 고정되지 않기 때문에, 그것은 지배 권력으로 변질될 가능성도 낮다. 강제력과 제도적 권위를 갖춘 권력은 안정성을 확보하는 대신 경직되기 쉽고, 자신을 재생산하는 방향으로 굳어진다. 반면 주민 권력은 관계와 기억에 의존하기 때문에, 항상 갱신되어야 하며, 스스로를 정당화해야 한다. 이 과정에서 주민 권력은 타인을 지배하기보다는, 판단을 다시 열어 두는 힘으로 작동한다.

느림과 취약성의 재해석: 보호해야 할 정치적 조건

결국 주민 권력의 느림과 취약성은 극복해야 할 결함이 아니라, 보호해야 할 조건이다. 느림 덕분에 판단은 성급한 결론으로 수렴되지 않고, 취약성 덕분에 권력은 고정된 지배 구조로 굳어지지 않는다. 주민 권력은 강해지기 위해 빠를 필요가 없으며, 오래 지속되기 위해 단단할 필요도 없다. 오히려 주민 권력은 느리기 때문에 판단을 축적할 수 있고, 취약하기 때문에 다시 판단을 요구하는 권력으로 남는다. 바로 이 점에서 주민 권력은 기존의 권력과 질적으로 다른 정치적 힘을 구성한다.

7. 주민 권력은 권력을 배치하는 기준이다

'또 하나의 권력'이라는 오해를 넘어

주민 권력을 '새로운 권력'으로 이해하는 순간 오히려 그 의미를 놓치게 된다. 주민 권력은 국가 권력을 대체하기 위해 등장한 또 하나의 권력이 아니다. 그것은 국가와 경쟁하거나 국가를 밀어내는 대안 권력이 아니며, 시민 권력의 하위 범주로 정리될 수 있는 개념도 아니다. 또한 주민 권력은 참여 민주주의를 조금 더 확장하거나, 기존 참여 제도를 보완하는 또 다른 이름이 아니다. 이러한 이해들은 모두 권력을 여전히 소유하거나 행사하는 힘으로 상정한 채, 그 주체만 바꾸는 접근에 머문다.

권력을 추가하는 개념이 아니라 기준을 제시하는 개념

주민 권력은 권력의 가짓수를 늘리는 것이 아니다. 주민 권력은 권력을 평가하고 배치하는 기준을 제시하는 개념이다. 다시 말해 주민 권력은 '누가 더 많은 힘을 가져야 하는가'를 묻기보다, '권력은 어디에 놓이는 것이 정당한가'를 묻는다. 이 기준은 세 가지 질문으로 정리될 수 있다. 첫째, 누가 판단하는가? 둘째, 그 판단은 어디에서 이루어지는가? 셋째, 그 판단의 결과를 누가 감당하는가? 이 세 질문은 권력의 본질을 가장 간결하게 드러내는 기준이자, 주민 권력의 핵심 좌표다.

판단의 이동과 권력의 재배치

이 질문들에 대한 답이 바뀌는 순간, 권력의 위치 역시 이동한다. 판단이 제도와 전문가, 행정의 영역에 머물러 있을 때 권력은 그곳에 고정된다. 반대로 판단이 삶의 영역으로 이동할 때, 권력 역시 삶의 자리로 이동한다. 이 이동은 제도의 해체나 권한의 탈취를 의미하지 않는다. 그것은 권력이 작동하는 전제를 바꾸는 일이다. 무엇이 문제인지, 어떤 기준이 타당한지, 어떤 선택을 감당할 것인지를 누가 판단하는가에 따라, 권력의 방향과 성격은 근본적으로 달라진다.

위임할 수 없는 판단과 주민 권력의 핵심 명제

이 지점에서 이 장의 핵심 명제가 다시 강조된다. 권력은 위임할 수 있지만, 판단은 위임할 수 없다. 권한은 법과 제도를 통해 이전될 수 있지만, 삶의 문제를 해석하고 그 결과를 감당하는 판단은 대신해 줄 수 없다. 판단을 위임하는 구조에서는 주민은 보호의 대상이 될 수는 있지만, 결코 주체가 될 수는 없다. 주민 권력은 바로 이 위임 구조를 전환하려는 시도이며, 판단을 다시 삶의 당사자에게 되돌려 놓으려는 정치적 실천이다.

고정된 제도가 아닌 끊임없이 작동하는 기준으로서의 주민 권력

따라서 주민 권력은 완성된 모델이나 고정된 제도가 아니다. 그것은 끊임없이 질문을 던지는 기준이며, 권력이 어디에 놓여야 하는지를 계속해서 재검토하게 만드는 잣대이다. 주민 권력은 국가를 부정하지 않으면서도 국가가 모든 것을 판단하려는 유혹을 견제하고, 시민 권력을 존중하면서도 그것이 판단을 대신하지 못한다는 사실을 상기시킨다. 주민 권력은 민주주의를 제도의 문제로 축소하지 않고, 삶의 문제를 함께 판단할 수 있는 능력으로 다시 정의하려는 시도이다.

주민 권력이 지향하는 정치적 의미

결국 주민 권력은 새로운 권력을 선언하는 개념이 아니라, 권력에 대해 끊임없이 묻고 경계하게 만드는 기준이다. 누가 판단하는가, 그 판단은 어디에서 이루어지는가, 그 결과를 누가 감당하는가. 이 질문을 삶의 영역에서 되살리는 것, 바로 그것이 주민 권력이 지향하는 정치적 의미이다.

8. 주민 권력의 관점에서 주민 집단을 묻는다

주민 권력의 관점에서 주민 집단을 이해한다는 것은, 단순히 여러 사람이 모여 있다는 사실을 넘어, 그 집단이 어떤 방식으로 관계를 맺고, 누구의 경험이 의미를 갖게 되며, 어떤 경계가 만들어지고 흔들리는지를 살펴보는 일이다. 기존의 정치·행정 담론은 주민을 주로 개인 단위로 이해해 왔다. 개인은 권리의 주체이고, 참여의 단위이며, 판단과 책임의 귀속 지점으로 설정된다. 그러나 실제 삶의 영역에서 작동하는 권력은 개인 단위로 흩어져 있지 않다. 주민 권력은 언제나 관계 속에서 생성되며, 그 관계가 일정한 밀도와 지속성을 가질 때 비로소 집단적 힘으로 모습을 드러낸다. 이 때문에 주민 권력을 이해하기 위해서는 반드시 주민 집단이라는 실체를 분석의 중심에 놓아야 한다.

주민 집단은 개인의 합이 아니라 관계적 실체이다

주민 집단은 개인들의 단순한 합이 아니다. 같은 사람들이 모여 있더라도, 어떤 방식으로 관계를 맺고 있는지에 따라 전혀 다른 집단이 된다. 자주 만나고, 갈등을 겪고, 문제를 함께 논의하며, 실패와 성취를 공유한 집단은 느슨하게 연결된 사람들의 모임과는 전혀 다른 성격을 갖는다. 주민 집단의 정체성은 명단이나 숫자가 아니라, 관계의 밀도, 신뢰의 축적, 공유된 기억 속에서 형성된다. 이 때문에 주민 집단은 고정된 구조물이 아니라 끊임없이 움직이고 변형되는 관계적 장(場)에 가깝다. 구성원이 바뀌지 않아도, 관계 방식이 달라지면 집단의 성격은 달라진다. 이러한 유동성은 주민 집단을 불안정하게 보이게 만들기도 하지만, 동시에 주민 권력이 생성될 수 있는 조건이 되기도 한다.

주민 집단 내부의 권력 역학: 인정 투쟁의 구조

주민 집단 내부에서 가장 핵심적으로 작동하는 힘의 축은 인정 투쟁이다. 인정 투쟁이란 단순히 존중받고 싶다는 감정의 문제가 아니라, 누가 말할 수 있는지, 누구의 경험이 집단의 문제로 받아들여지는지, 어떤 판단이 '우리의 판단'으로 승인되는지를 둘러싼 투쟁이다. 주민 집단에서 발언의 빈도와 영향력은 결코 균등하지 않다. 어떤 사람은 자연스럽게 말의 중심에 서고, 어떤 사람은 점점 침묵하게 된다. 이 차이는 개인의 성격이나 능력만으로 설명되지 않는다. 과거에 말했을 때 어떤 반응을 받았는지, 그 발언이 존중받았는지 아니면 무시되었는지, 발언 이후 관계적 비용을 치렀는지가 누적되며 인정의 격차가 만들어진다. 인정 투쟁에서 밀린 구성원은 스스로 말을 줄이고, 결국 집단의 판단 형성 과정에서 보이지 않는 존재가 된다.

대표성과 발언권을 둘러싼 인정의 편중

인정 투쟁은 종종 대표성을 둘러싼 갈등의 형태로 드러난다. 특정 인물이 반복적으로 외부와 소통하고, 회의의 결론을 정리하며, 집단의 입장을 대변하게 될 때, 이는 단순한 역할 분담이 아니라 인정의 집중을 의미한다. 이 과정에서 일부 구성원의 경험과 관점만이 공적인 언어로 번역되고, 다른 경험들은 사적인 불만이나 개인적 문제로 밀려난다. 이렇게 인정이 편중되면 집단은 겉으로는 유지되지만, 내부에서는 판단에 대한 신뢰가 약화되고, 참여의 동기는 점점 사라진다. 이는 주민 권력이 집단 전체에 축적되기보다는 특정 주체에게 국지적으로 흡수되는 경로로 이어진다.

주민 집단 간 인정 투쟁과 공적 자격의 문제

인정 투쟁은 집단 내부에만 머물지 않는다. 주민 집단과 주민 집단 사이에서도 인정 투쟁은 끊임없이 발생한다. 어떤 집단은 스스로를 '진짜 주민'으로 규정하며, 다른 집단의 문제 제기를 사적인 이해관계나 비전문성으로 폄하한다. 이는 단순한 감정 대립이 아니라, 누가 공적 판단의 주체가 될 자격이 있는지를 둘러싼 투쟁이다. 인정 투쟁에서 밀린 집단은 공적 논의에서 배제되고, 자원 배분과 정책 결정 과정에서도 주변부로 밀려난다. 이때 주민 사회 전체는 하나의 권력으로 수렴되기보다는, 서로를 불신하는 파편화된 집단들로 분절되기 쉽다.

경계 투쟁: 참여와 배제를 가르는 보이지 않는 선

인정 투쟁과 함께 주민 집단의 성격을 규정하는 또 하나의 핵심 축은 경계 투쟁이다. 경계란 누가 내부자인지, 누가 외부자인지, 누가 참여할 수 있고 누가 배제되는지를 구분하는 보이지 않는 선이다. 주민 집단은 스스로를 유지하기 위해 경계를 설정하지만, 이 경계는 결코 고정되어 있지 않으며 끊임없이 흔들리고 재편된다. 집단 내부에서도 핵심과 주변, 오래된 구성원과 새로 들어온 사람, 정보를 먼저 접하는 사람과 뒤늦게 알게 되는 사람 사이에는 미묘하지만 강력한 경계가 존재한다. 이러한 경계는 공식적으로 선언되지 않지만, 실제 판단과 행동에서는 결정적인 영향을 미친다.

참여 비용의 증가와 자발적 이탈

경계가 강화될수록 참여 비용은 높아진다. 말 한마디가 관계를 불편하게 만들 수 있고, 문제 제기가 분란으로 낙인찍힐 수 있으며, 반대 의견이 배제의 근거가 될 수 있다고 느끼는 순간, 많은 주민들은 침묵이나 이탈을 선택한다. 이는 개인의 무관심이나 책임 회피가 아니라, 경계 구조가 참여를 가로막고 있다는 신호이다. 경계 투쟁에서 패배한 구성원은 집단에 남아 있으면서도 판단 과정에서는 사실상 제외된다.

집단 간 경계 투쟁과 주민 사회의 분절화

집단 간 경계 투쟁이 심화되면, 주민 사회는 여러 개의 단절된 소집단으로 쪼개진다. 각 집단은 자신만의 문제의식과 판단 기준을 갖게 되고, 서로의 언어를 이해하지 못하게 된다. 이 상태에서는 주민 권력이 축적되기 어렵다. 권력은 관계의 밀도와 연속성 속에서 형성되는데, 경계가 단절될수록 그 관계는 느슨해지고, 집단 간에는 협력보다는 경쟁과 배제가 강화된다.

갈등의 재해석: 병리가 아니라 변화의 징후

이러한 인정 투쟁과 경계 투쟁 속에서 발생하는 갈등은 흔히 병리적 현상으로 오해되지만, 주민 권력의 관점에서는 다르게 해석해야 한다. 갈등은 집단이 잘못 가고 있다는 증거라기보다, 집단의 경계와 인정 구조가 재편되고 있다는 신호다. 갈등이 격화할 때는 기존의 질서로는 더 이상 문제를 설명할 수 없다는 뜻이며, 침묵이 확산될 때는 참여의 비용이 지나치게 높아졌다는 경고다. 이탈이 늘어날 때는 인정과 자원 배분의 구조가 붕괴되고 있음을 의미한다. 즉, 갈등은 정지의 징후가 아니라 움직임의 징후다.

주민 권력의 가능성과 한계가 드러나는 지점

문제는 갈등 그 자체가 아니라, 갈등이 다뤄지는 방식이다. 갈등을 제거하거나 억누르려는 시도는 일시적으로는 안정화된 것처럼 보이게 할 수 있지만, 실제로는 판단을 비공식화하고 책임을 개인에게 떠넘기며 집단을 더 깊이 분절시킨다. 주민 집단이 권력의 주체로 성장하지 못하는 이유는 갈등이 많아서가 아니라, 갈등이 구조적으로 다뤄지지 못하고 관계적 상처로만 남기 때문이다.

갈등을 이해하는 관점의 전환이 필요하다

결국 주민 권력의 관점에서 본 주민 집단의 핵심 특성은 분명하다. 주민 집단은 관계적 실체이며, 인정 투쟁을 통해 내부 질서가 형성되고, 경계 투쟁을 통해 참여와 배제가 결정된다. 갈등은 이 과정에서 필연적으로 발생하며, 이는 병리가 아니라 변화의 신호다. 주민 권력은 이러한 투쟁과 갈등을 통해 형성되기도 하고, 잘못 다뤄질 경우 약화되기도 한다. 따라서 주민 집단을 이해한다는 것은 갈등을 없애는 방법을 찾는 것이 아니라, 갈등이 발생하는 관계와 경계의 구조를 읽어내는 일이며, 바로 그 지점에서 주민 권력의 가능성과 한계가 동시에 드러난다.

3부

주민 권력은
어떻게 형성되는가

제7장 주민 권력은 어디에서 형성되는가
― 정치의 공간이 아니라, 삶의 공간에서

앞선 장들에서 우리는 주민 권력이 무엇이며, 어떤 조건과 과정을 통해 형성되는지를 이론적으로 정리해 보았다. 그러나 이 논의는 하나의 핵심 질문으로 수렴된다. '주민 권력은 도대체 어디에서 형성되는가'라는 질문이다. 이 질문은 단순한 공간적 호기심이 아니다. 그것은 권력을 이해하는 방식 자체를 근본적으로 전환하는 질문이다.

기존의 정치이론과 민주주의 담론은 권력이 주로 정치의 공간에서 형성된다고 이해해 왔다. 선거, 의회, 행정, 정당, 법원, 공청회, 위원회와 같은 제도적 장치를 권력이 작동하는 주요 무대로 설정했고, 누가 제도에 접근할 수 있는지, 발언할 수 있는지, 의사결정 과정에 참여하는지를 기준으로 권력을 판단해 왔다.

그러나 이 책이 다루는 주민 권력은 이러한 공간 규정과 근본적으로 충돌한다. 주민 권력은 정치의 공간에서 발생하지 않는다. 오히려 정치의 공간 이전에, 그리고 정치의 공간 바깥에서 이미 작동하고 있는 판단의 흐름 속에서 형성된다. 주민 권력의 출발점은 회의실이 아니라 삶의 현장이며, 안건이 아니라 경험이다.

이 장의 목적은 권력의 형성 장소를 정치에서 삶으로 이동시키는 데 있다. 이는 단순한 장소 이동이 아니라, 권력이 무엇에서 비롯되는가에 대한 인식 전환이다. 이 전환이 이루어지지 않는 한, 주민 권력은 언제나 제도의 부속물이나 보조적 장치로 오해될 수밖에 없다.

1. 주민 권력은 구조가 있는 곳에서 형성된다

주민 권력에 대한 오해

주민 권력을 논의할 때 가장 흔하게 등장하는 설명은 의지의 문제다. 주민이 깨어나지 않았기 때문에, 연대 의식이 부족하기 때문에, 정치적 자각이 약하기 때문에 권력이 형성되지 않았다는 진단이다. 이 진단은 겉보기에 설득력이 있어 보이지만, 실제로는 주민 권력 형성의 실패를 개인의 태도나 의식 수준으로 환원하는 오류를 범한다.

한국 사회는 이미 수차례의 대규모 사회적 각성과 집단행동을 경험해 왔다. 촛불 집회, 대중적 항의, 지역 단위의 자발적 움직임은 주민의 의지나 감수성이 부족하다는 설명을 무색하게 한다. 그럼에도 불구하고 이러한 에너지가 주민 권력으로 전환되지 못한 이유는, 의지가 아니라 구조의 문제였기 때문이다.

권력은 개인의 마음속 결단에서 형성되지 않는다. 권력은 판단이 반복될 수 있도록 조직된 조건, 즉 구조가 존재할 때 형성된다. 아무리 강한 문제의식을 가진 개인이라도, 그 문제를 말할 수 없고, 함께 판단할 수 없으며, 판단의 결과를 다시 경험으로 되돌려 받을 수 없는 구조 속에서는 결국 소진될 수밖에 없다.

권력의 구조적 성격: 판단의 반복 가능성

주민 권력을 구조의 문제로 이해할 때, 핵심 기준은 하나다. 판단이 반복 가능한가라는 질문이다. 판단은 한 번의 선택으로 끝나지 않는다. 판단은 선택의 결과를 경험하고, 그 경험을 다시 다음 판단의 자원으로 삼을 때 비로소 축적된다.

정치의 공간은 이 반복을 전제로 하지 않는다. 선거는 주기적으로 반복되지만, 그 사이의 삶은 정치적 판단의 영역으로 인정되지 않는다. 정책 결정은 한 번에 그치며, 주민은 결과를 경험하되 그 경험을 다시 판단으로 환원할 수 있는 구조를 갖지 못한다.

반면 삶의 공간에서는 판단이 반복될 수밖에 없다. 돌봄의 공백이 지속될 때, 주민은 매번 선택해야 한다. 갈등이 장기화될 때, 주민은 피할 것인지 마주할 것인지 판단해야 한다. 이 판단들은 제도에 의해 대신 내려지지 않으며, 반복을 통해 점점 정교해진다. 문제는 이 반복이 집합적 구조로 조직되지 못한다는 점이다.

주민 권력은 바로 이 반복되는 판단을 개인의 생존 전략에서 집합적 판단 구조로 전환할 때 형성된다. 따라서 권력의 형성 장소는 의식이 고양되는 순간이 아니라, 판단이 누적될 수 있는 구조가 마련되는 지점이다.

구조 없는 참여의 한계

많은 참여 제도는 주민에게 발언의 기회를 제공하지만, 판단의 구조를 제공하지 않는다. 주민은 의견을 말할 수 있지만, 그 의견이 다음 판단으로 연결되지 않는다. 회의는 끝나고, 기록은 남지만, 판단은 축적되지 않는다.

이러한 구조에서는 참여가 반복될수록 오히려 무력감이 증가한다. 주민은 '말해도 바뀌지 않는다'는 경험을 반복하며, 결국 참여 자체를 회피하게 된다. 이는 주민의 무관심이나 무능력 때문이 아니라, 구조 없는 참여가 만들어내는 필연적 결과이다. 주민 권력은 참여의 양으로 측정되지 않는다. 주민 권력은 판단의 구조가 존재하는가, 그리고 그 구조가 삶의 공간에 뿌리내리고 있는가에 따라 형성된다.

2. 주민 권력은 정치의 공간이 아니라 삶의 공간에서 시작된다

정치의 공간이 포착하지 못하는 것들

정치의 공간은 제도화된 판단의 공간이다. 안건은 사전에 정의되고, 절차는 정해져 있으며, 발언의 형식과 시간은 규율된다. 이러한 공간은 대규모 사회를 운영하는 데 필수적이지만, 동시에 중요한 한계를 갖는다. 정치의 공간은 이미 번역된 문제만을 다룬다. 다시 말해, 삶에서 발생한 문제들이 제도적 언어로 정리되고 추상화된 이후에야 정치의 공간에 진입할 수 있다.

이 번역 과정에서 많은 것이 탈락된다. 불안의 미세한 결, 관계의 파열이 남긴 감정의 잔여, 반복되는 불편의 맥락은 정책 언어로 환원되기 어렵다. 정치의 공간은 이 탈락을 전제로 작동한다. 그 결과, 정치의 공간은 삶의 문제를 '처리'할 수는 있어도, 삶의 판단을 형성하는 장소가 되기는 어렵다.

삶의 공간: 판단을 회피할 수 없는 자리

반면 삶의 공간은 판단을 회피할 수 없는 자리다. 삶의 공간이란 주민이 실제로 살아가며 선택을 강요받는 영역을 의미한다. 돌봄의 공백이 발생할 때, 주민은 '누가 돌볼 것인가'를 판단해야 한다. 이웃 간 갈등이 심화될 때, 주민은 '피할 것인가, 마주할 것인가'를 선택해야 한다. 주거 환경이 급격히 변할 때, 주민은 '떠날 것인가, 남을 것인가'를 결정해야 한다.

제도가 이 판단들을 대신 내려주지 않는다. 행정은 개입할 수 있지만, 삶의 구체적 선택을 대신할 수는 없다. 이 점에서 삶의 공간은 이미 정치적이다. 다만 그것이 정치의 언어로 인식되지 않았을 뿐이다.

주민 권력은 이 삶의 공간에서 발생하는 판단을 정치의 출발점으로 재정의할 때 형성된다. 이는 삶을 정치화하자는 구호가 아니라, 이미 정치적 판단이 이루어지고 있음을 인정하자는 주장이다.

삶의 판단과 제도적 판단은 차원이 다른 문제다

삶의 공간에서 이루어지는 판단과 정치의 공간에서 이루어지는 판단은 차원이 다른 문제다. 따라서 서로 대칭적으로 비교할 수 없다. 제도적 판단은 일반화를 지향한다. 동일한 기준을 적용해야 하며, 예외는 최소화되어야 한다. 반면 삶의 판단은 맥락에 의존한다. 동일한 문제라도 관계, 장소, 시간에 따라 전혀 다른 의미를 갖는다.

이 비대칭성 때문에 삶의 판단은 제도적 판단으로 완전히 이전될 수 없다. 오히려 이전되는 순간, 판단의 핵심은 삭제된다. 주민 권력은 이 삭제를 거부하는 데서 출발한다. 즉, 판단의 장소를 제도에서 삶으로 되돌리는 것이다.

주민 권력은 제도를 부정하지 않는다. 다만 제도의 판단이 도달할 수 없는 영역이 존재함을 인정하고, 그 영역을 주민의 판단으로 채우려는 시도다.

삶의 공간이 권력의 토대가 되는 이유

삶의 공간이 주민 권력의 토대가 되는 이유는 세 가지로 요약할 수 있다. 첫째, 삶의 공간에서는 판단이 필연적이다. 선택을 미루거나 외부에 전가할 수 없다. 둘째, 삶의 공간에서는 판단의 결과를 즉각적으로 경험하게 된다. 성공과 실패는 곧바로 삶의 조건으로 되돌아온다. 셋째, 삶의 공간에서는 판단이 관계 속에서 이루어진다. 개인의 선택은 항상 타인의 삶에 영향을 미친다. 이 세 가지 조건, 필연성, 즉시성, 관계성은 주민 권력이 형성되기 위한 핵심 조건과 정확히 겹친다. 따라서 주민 권력은 정치의 공간이 아니라 삶의 공간에서 출발할 수밖에 없다.

다음에는 이러한 삶의 판단이 어떻게 개인의 경험을 넘어 집합적 판단으로 전환되는지, 그 구체적 메커니즘을 분석한다.

3. 경험은 어떻게 집합적 판단으로 전환되는가

경험이 권력이 되기 위한 조건

주민 권력에 관한 논의에서 종종 등장하는 표현이 '경험의 정치화'다. 그러나 이 표현은 오해를 낳기 쉽다. 경험이 정치적 의제가 되는 순간만을 강조할 경우, 경험은 다시 제도적 언어로 흡수되거나 대표의 판단으로 대체되기 때문이다. 여기서 다루는 핵심은 경험의 정치화가 아니라 경험의 판단화이다.

경험은 그 자체로 권력이 아니다. 삶의 불편, 불안, 분노, 상실은 그 자체로는 개인의 감정 상태에 머무를 수 있다. 경험이 주민 권력의 출발점이 되기 위해서는, 그것이 판단의 재료로 전환되어야 한다. 다시 말해 '이것이 문제다'라는 인식에서 멈추지 않고, '그래서 우리는 무엇을 할 것인가'라는 질문으로 이동해야 한다.

이 이동은 자연스럽게 일어나지 않는다. 경험은 그대로 두면 사적인 불만으로 흩어지거나, 감정의 소진으로 끝나기 쉽다. 주민 권력은 이 흩어짐을 막는 전환의 구조를 필요로 하며, 경험은 다음과 같은 단계를 거쳐 집합적 판단으로 전환된다.

1단계: 경험의 언어화 - 감각에서 말로

집합적 판단으로의 전환은 언어화에서 시작된다. 삶의 경험은 처음에는 대개 명확한 언어를 갖지 않는다. '뭔가 불안하다', '예전과 다르다', '설명하기 어렵지만 힘들다'와 같은 감각적 표현이 그것이다. 이 단계에서 중요한 것은 경험을 정확하게 설명하는 것이 아니라, 경험이 말로 나올 수 있도록 허용하는 조건이다.

정책 중심의 공간에서는 이 단계가 빠르게 생략된다. 문제는 곧바로 정의되고, 원인과 대안이 요구된다. 그러나 주민 권력의 관점에서 볼 때, 이 성급함은 경험을 삭제하는 방식이다. 경험을 충분히 말할 수 없는 상태에서는 판단이 형성될 수 없다.

따라서 주민 권력이 작동하는 공간에서는 해석과 평가가 의도적으로 유보되어야 한다. 경험은 반박되거나 교정되기 이전에, 먼저 존재할 권리를 가진다. 이 유보의 시간 속에서 경험은 공유 가능한 언어로 자라난다.

2단계: 경험의 접속 - 나만의 일에서 우리의 일로

언어화된 경험이 집합적 판단으로 나아가기 위한 다음 단계는 접속이다. 한 사람의 경험은 여전히 개인적 사건일 수 있다. 그러나 여러 경험이 나란히 놓일 때, 공통의 패턴과 반복이 드러난다. '나만 그런 것이 아니었다'는 인식은 이 전환의 핵심 신호다.

이 접속은 단순한 공감과 다르다. 공감은 감정을 공유하지만, 접속은 경험을 비교하고 배치하는 작업을 포함한다. 누가 언제, 어디서, 어떤 조건에서 비슷한 경험을 했는지가 드러날 때, 문제는 개인의 성격이나 선택의 결과가 아니라 구조적 현상으로 인식된다.

중요한 점은 이 접속이 자연발생적이지 않다는 사실이다. 경험을 들을 수 있는 자리, 서로의 말을 끊지 않는 규칙, 서열 없는 발언 구조가 있을 때만 접속은 가능해진다. 주민 권력은 이러한 접속의 조건을 의도적으로 설계할 때 형성된다.

3단계: 질문의 전환 – 요구에서 선택으로

경험이 접속된 이후에도, 집합적 판단이 자동으로 발생하지는 않는다. 많은 경우, 접속된 경험은 곧바로 '요구의 언어'로 전환된다. '이 문제를 해결해 달라', '행정이 나서야 한다'는 발언이 그것이다. 이러한 요구는 정당할 수 있지만, 판단을 외부에 위임하는 순간 주민 권력은 형성되지 않는다.

집합적 판단으로의 전환은 질문의 전환에서 이루어진다. '누가 해결할 것인가'라는 질문에서 '우리는 무엇을 선택할 것인가'라는 질문으로 이동할 때, 비로소 판단의 단계가 열린다. 이 질문은 반드시 선택을 포함한다. 무엇을 우선할 것

인지, 무엇을 포기할 것인지, 어떤 위험을 감수할 것인지가
함께 논의되어야 한다.

이 지점에서 갈등은 피할 수 없다. 서로 다른 경험은 서로
다른 선택을 요구한다. 주민 권력은 이 갈등을 제거하지 않
는다. 오히려 갈등을 판단의 재료로 삼는다. 갈등을 통과한
판단만이 삶에 실제로 작동하기 때문이다.

4단계: 선택의 귀속 – 판단을 삶으로 되돌리기

집합적 판단의 마지막 단계는 귀속이다. 선택이 이루어졌
다면, 그 결과는 다시 주민의 삶으로 돌아와야 한다. 판단의
효과와 부작용, 성공과 실패를 주민이 직접 경험하지 않는
구조에서는 판단이 축적되지 않는다.

이 귀속은 책임을 의미하지만, 처벌이나 비난을 뜻하지는
않는다. 그것은 선택의 결과를 해석하고, 실패를 학습으로
전환하며, 다음 판단의 출발점으로 삼는 과정이다. 주민 권
력은 바로 이 학습의 누적에서 형성된다.

경험에서 판단으로, 판단에서 권력으로

주민 권력은 경험에서 출발하지만, 경험에 머무르지 않는
다. 경험이 언어가 되어, 서로 접속하며, 질문을 통해 선택
으로 전환되고, 그 결과가 다시 삶으로 귀속될 때 비로소 권
력이 된다. 다음에는 이 과정에서 감정·불안·갈등이 어떤 역

할을 수행하는지, 그리고 왜 그것들이 제거의 대상이 아니라 주민 권력의 핵심 자원인지를 분석한다.

4. 감정·불안·갈등은 왜 주민 권력의 자원인가

감정을 배제해 온 정치 이성의 한계

근대 정치 이론과 행정 실천은 오랫동안 감정을 문제의 원인 혹은 교란 요소로 취급해 왔다. 합리적 판단은 감정으로부터 분리되어야 하며, 공적 결정은 냉정하고 객관적이어야 한다는 전제가 지배적이었다. 이러한 전제는 국가와 제도의 안정성을 확보하는 데 일정한 기여를 했지만, 동시에 주민 권력 형성의 실제 조건을 가려 왔다.

감정을 배제하는 순간, 삶의 문제는 삶으로부터 분리된다. 주민이 느끼는 불안, 분노, 두려움은 정책 언어로 환원될 때 '주관적 요인'이나 '민원'으로 축소된다. 이 축소는 판단의 출발점을 삭제하는 효과를 낳는다. 감정은 비합리적인 것이 아니라, 이미 판단이 개입된 상태이기 때문이다.

주민 권력의 관점에서 감정은 판단의 적이 아니다. 감정은 판단의 전조이며, 삶의 균형이 흔들리고 있음을 알리는 신호이다. 이 신호를 제거하거나 관리의 대상으로 삼을 때, 권력 형성의 기회는 사라진다.

불안: 문제를 가장 먼저 감지하는 감각

주민 권력의 형성에서 불안은 특히 중요한 위치를 차지한다. 불안은 아직 명확한 언어를 갖지 못한 문제의 징후다. '뭔가 잘못 돌아가고 있다'는 감각은 정책 보고서보다 훨씬 먼저 삶의 변화를 포착한다.

그러나 제도는 불안을 다루기 어렵다. 불안은 측정하기 힘들고, 표준화할 수 없으며, 책임 주체를 명확히 설정하기 어렵다. 그 결과 불안은 종종 과민 반응이나 정보 부족의 문제로 치부된다. 이때 불안은 해소되지 않고 개인 내부에 축적된다.

주민 권력은 이 불안을 억제하지 않는다. 오히려 불안을 말해질 수 있는 상태로 전환한다. 불안이 공유될 때, 그것은 개인의 심리 상태가 아니라 공동의 조건에 대한 신호로 재해석된다. 이 전환이 이루어질 때, 불안은 주민 권력의 출발점이 된다.

분노: 판단이 요구되는 지점의 표식

분노는 흔히 갈등의 원인으로 간주된다. 그러나 주민 권력의 관점에서 분노는 판단이 더 이상 유예될 수 없다는 표식이다. 분노는 이미 '이대로는 안 된다'는 평가를 포함하고 있으며, 어떤 형태의 변화가 필요하다는 요구를 담고 있다.

문제는 분노가 표현될 수 있는 구조가 부재할 때 발생한다. 분노가 개인적 폭발로 남을 경우, 그것은 공동체를 파괴하는 힘으로 작동할 수 있다. 그러나 분노가 집합적 판단의 언어로 전환될 수 있을 때, 그것은 변화의 에너지로 작동한다.

주민 공론장의 중요한 기능 중 하나는 분노를 억누르거나 중재하는 것이 아니라, 분노를 판단의 질문으로 전환하는 데 있다. '누가 잘못했는가'라는 질문에서 '우리는 무엇을 바꿀 것인가'라는 질문으로 이동할 때, 분노는 주민 권력의 자원이 된다.

갈등: 판단 기준의 차이가 드러나는 장

갈등은 주민 권력 형성 과정에서 피할 수 없는 현상이다. 갈등은 단순한 이해관계의 충돌이 아니라, 서로 다른 판단 기준이 충돌하는 순간이다. 각자의 삶의 조건과 경험이 다르기 때문에, 갈등은 필연적으로 발생한다.

정책 중심의 접근은 갈등을 관리하거나 봉합하려 한다. 중재, 조정, 합의는 갈등을 빠르게 종료시키는 데 초점을 둔다. 그러나 이러한 방식은 판단의 차이를 드러내지 않은 채 덮어두는 효과를 낳는다.

주민 권력은 갈등을 제거하지 않는다. 오히려 갈등을 판단의 재료로 유지한다. 왜 이 선택을 중시하는지, 왜 저 선택이 받아들여지기 어려운지를 끝까지 드러낼 때, 공동체는 자신의 판단 기준을 자각하게 된다. 이 자각이 반복될 때, 주민 권력은 정교해진다.

감정과 갈등을 통과하지 않는 판단의 취약성

감정과 갈등을 제거한 판단은 표면적으로는 안정적일 수 있다. 그러나 이러한 판단은 삶에 깊이 뿌리내리지 못한다. 감정이 배제된 판단은 책임을 동반하지 않으며, 갈등이 삭제된 합의는 쉽게 무너진다.

주민 권력은 불편한 감정과 갈등을 통과한 판단에서만 형성된다. 이 과정은 느리고 고통스럽지만, 바로 그 점에서 지속 가능하다. 감정과 갈등을 통과하지 않은 판단은 외부 조건이 변할 때 쉽게 해체되지만, 통과한 판단은 기억과 책임 속에서 유지된다.

감정·불안·갈등은 제거 대상이 아니라 전환 대상이다

감정·불안·갈등은 주민 권력의 장애물이 아니다. 그것들은 전환되어야 할 자원이다. 이 전환이 이루어질 수 있는 구조가 마련될 때, 주민은 더 이상 감정적인 집단이 아니라, 스스로 방향을 정할 수 있는 권력 주체로 등장한다.

다음에는 이러한 판단이 일회적 사건으로 소멸되지 않고, 반복과 기억을 통해 어떻게 축적되는지, 주민 권력의 시간적 형성 방식을 분석한다.

5. 반복과 기억: 주민 권력이 축적되는 방식

주민 권력은 사건이 아니라 과정이다

주민 권력에 대해 흔히 가지는 오해 중 하나는, 특정한 사건이나 성과를 통해 권력이 형성된다고 보는 관점이다. 대규모 집회, 성공적인 합의, 제도 변화와 같은 가시적 결과가 곧 주민 권력의 증거로 간주되곤 한다. 그러나 이러한 사건 중심의 이해는 주민 권력의 실제 형성 방식을 설명하지 못한다.

주민 권력은 한 번의 결단이나 성공으로 만들어지지 않는다. 오히려 주민 권력은 수많은 작은 판단의 반복, 그리고 그 판단들이 기억으로 축적되는 과정을 통해 형성된다. 이 점에서 주민 권력은 결과의 문제가 아니라 시간의 문제다.

사건은 주목을 받지만, 사건만으로는 권력이 유지되지 않는다. 주민 권력은 사건 이후에도 판단이 계속 이어질 수 있을 때 비로소 모습을 드러낸다.

반복: 판단이 숙련으로 전환되는 조건

반복은 주민 권력의 핵심 메커니즘이다. 한 번의 판단은 우연일 수 있지만, 반복되는 판단은 역량이 된다. 주민이 비슷한 문제를 다시 마주하고, 이전의 선택을 떠올리며, 다른 선택을 시도할 수 있을 때 판단은 점차 숙련된다.

이 반복은 자동적으로 이루어지지 않는다. 제도 중심의 구조에서는 판단이 반복될 기회가 제한된다. 정책은 분절적으로 시행되고, 주민은 결과를 경험하더라도 그 경험을 다음 판단으로 환원할 수 있는 구조를 갖지 못한다.

반면 삶의 공간에서는 판단이 반복될 수밖에 없다. 돌봄의 공백은 한 번으로 끝나지 않고, 관계의 갈등은 되풀이되며, 지역의 변화는 지속적으로 영향을 미친다. 주민 권력은 이 반복을 집합적 학습의 구조로 전환할 때 형성된다.

기억: 판단을 연결하는 시간의 매개

반복만으로는 충분하지 않다. 반복이 권력이 되기 위해서는 기억이 필요하다. 기억은 과거의 판단을 현재의 판단과 연결하는 매개다. 무엇을 선택했는지, 왜 그 선택을 했는지, 어떤 결과가 있었는지를 기억할 때, 판단은 누적된다.

이 기억은 공식 문서나 기록만을 의미하지 않는다. 물론 기록은 중요하지만, 주민 권력의 기억은 주로 사람들 사이의 이야기로 유지된다. '그때 우리는 이렇게 결정했고, 이런 어려움을 겪었다'는 서사가 공유될 때, 판단은 공동의 자산이 된다. 기억이 단절되면 주민 권력은 쉽게 초기화된다. 공론장이 해체되거나, 참여 주체가 교체되거나, 시간이 끊길 때 판단의 축적은 사라진다. 이 때문에 주민 권력은 연속성과 지속성을 강하게 요구한다.

실패의 기억과 주민 권력의 성숙

주민 권력의 기억에서 특히 중요한 것은 실패의 기억이다. 성공의 기억은 자신감을 주지만, 실패의 기억은 판단을 정교하게 만든다. 무엇이 잘못되었는지, 어떤 선택이 과도했는지, 어떤 위험을 과소평가했는지를 기억할 때, 다음 판단은 보다 현실적이 된다.

그러나 제도 중심의 구조에서는 실패의 기억은 축적되기 어렵다. 실패는 사업 종료나 정책 수정으로 처리되고, 주민은 결과에 대한 해석에서 배제된다. 이 구조에서는 실패가 학습으로 전환되지 않는다.

주민 권력은 실패를 은폐하지 않는다. 오히려 실패를 공론장의 자원으로 삼는다. 실패를 함께 해석하고 책임을 나눌 수 있을 때, 주민의 판단 능력은 한 단계 성숙한다.

시간의 축적과 외부 대체 불가능성

반복과 기억이 결합되어 형성된 주민 권력은 외부에 의해 쉽게 대체되지 않는다. 이 권력은 법적 권한이나 자원 동원 능력으로 측정되지 않지만, 삶의 문제를 해석하고 대응하는 능력으로 축적되어 있기 때문이다.

이러한 권력은 느리게 성장한다. 그러나 한 번 형성되면 단기적 정책 변화나 행정 개입으로 쉽게 해체되지 않는다. 주민 권력의 지속성은 바로 시간의 축적에서 나온다.

삶의 시간 위에서 형성되는 권력

지금까지 주민 권력이 어디에서, 어떻게 형성되는지를 공간과 시간의 관점에서 분석했다. 주민 권력은 정치의 공간이 아니라 삶의 공간에서 시작되며, 사건이 아니라 반복과 기억을 통해 축적된다.

다음 장에서는 이러한 주민 권력이 주민 공론장이라는 구체적 장치를 통해 어떻게 조직되고 유지되는지를 본격적으로 다룬다.

제8장 주민 공론장: 주민 권력을 만들어내는 핵심 장치
　— 말하는 공간이 아니라, 판단이 형성되는 구조

　앞선 장에서 우리는 주민 권력이 정치의 공간이 아니라 삶의 공간에서 형성되며, 반복과 기억의 축적을 통해 성장한다는 점을 확인했다. 그러나 이 분석은 하나의 결정적 질문을 남긴다. 그 반복과 기억은 어디에 머무는가라는 질문이다. 삶의 공간에서 이루어지는 판단은 필연적이지만, 그 판단이 흩어지지 않고 축적되기 위해서는 특정한 구조적 장치가 필요하다. 바로 이 지점에서 주민 공론장이 등장한다.

　사람들은 주민 공론장을 흔히 토론회, 간담회, 공청회와 같은 형식으로 이해한다. 이러한 이해 속에서 공론장은 '의견을 나누는 자리'이자 '발언의 기회'로 축소되기 쉽다. 그러나 이 책에서 말하는 주민 공론장은 전혀 다른 차원의 개념이다. 주민 공론장은 말들을 모으는 공간이 아니라, 삶의 경험을 판단으로 전환하는 구조이며, 주민 권력이 형성되고 지속되는 핵심적인 장치이다.

　주민 권력은 개인의 각성이나 집단적 열정만으로 지속될

수 없다. 경험이 말로 표현되고, 그 말이 연결되며, 선택과 책임으로 이어지는 순환이 우연에 맡겨져 있는 한, 주민 권력은 쉽게 소멸한다. 주민 공론장은 이 순환을 의도적으로 설계하는 장치다. 이 장에서는 주민 공론장이 무엇이며, 기존의 공론장 개념과 어떻게 다른지, 그리고 내부적으로 어떤 구조를 가져야 하는지를 체계적으로 분석한다.

1. 주민 공론장은 표현의 공간이 아니라 권력 형성 장치다

공론장을 둘러싼 일반적 오해

일반적으로 사람들은 공론장을 사람들이 자유롭게 의견을 표현하고, 서로의 생각을 교환하는 공간이라고 이해한다. 이 관점에서 공론장의 핵심 가치는 개방성, 자유, 다양성이다. 물론 이러한 요소들은 중요하다. 그러나 주민 권력의 관점에서 볼 때, 이 정의만으로는 불충분하다.

자유로운 표현이 곧바로 권력으로 이어지지 않기 때문이다. 많은 토론과 회의가 있었음에도 불구하고, 주민 권력이 형성되지 않는 사례는 이미 충분히 축적되어 있다. 말은 넘쳐나지만, 판단은 남지 않고, 발언은 기록되지만, 선택은 외부에서 이루어진다. 이러한 공간은 공론장의 외형을 갖추고 있을지 모르나, 권력 형성 장치로서는 기능하지 않는다.

주민 공론장은 표현의 자유를 전제로 하되, 그 자체를 목적으로 삼지 않는다. 주민 공론장의 목적은 말하기가 아니라 판단하기이며, 더 정확하게는 판단이 반복·축적될 수 있는 구조를 만드는 데 있다.

권력 형성 장치로서의 공론장 개념

주민 공론장을 권력 형성 장치로 이해하기 위해서는, 공론장을 과정적 구조로 재정의해야 한다. 주민 공론장은 단발적 이벤트가 아니라, 판단이 형성되고 재검토되며 수정되는 일련의 과정이 작동하는 장이다. 이 장치의 핵심 기능은 네 가지다. 첫째, 삶의 경험이 삭제되지 않고 말로 표현될 수 있도록 보호한다. 둘째, 개별 경험들이 서로 연결되어 공동의 문제로 재구성되도록 돕는다. 셋째, 요구의 언어를 선택의 언어로 전환한다. 넷째, 판단의 결과를 다시 주민의 삶으로 되돌려 책임과 학습이 가능하도록 만든다. 이 네 가지 기능이 결합될 때, 공론장은 더 이상 의견 수렴의 도구가 아니라 주민 권력의 발생 장치로 작동한다.

왜 주민 권력은 공론장 없이는 지속될 수 없는가

주민은 이미 일상 속에서 판단하고 있다. 그러나 그 판단은 대개 개인의 삶 속에서 소진된다. 공론장이 부재할 경우, 판단은 서로 연결되지 않고, 실패는 개인의 책임으로 환원되며, 학습은 축적되지 않는다. 이 구조에서는 주민 권력이 발생하더라도 일회적 사건으로 끝나기 쉽다.

주민 공론장은 이 소진을 막는 장치이다. 공론장은 판단을 개인의 생존 전략에서 집합적 자산으로 전환한다. 공론장이 지속될수록, 주민의 판단은 점점 정교해지고, 외부 개입에 의해 쉽게 대체되지 않는 힘으로 자리 잡는다.

이 점에서 주민 공론장은 참여를 늘리기 위한 장치가 아니다. 오히려 주민 공론장은 참여를 구조화하는 장치다. 아무 말이나, 아무 방식으로나 말할 수 있는 공간에서는 판단이 축적되지 않는다. 주민 공론장은 말의 순서, 형식, 맥락을 설계함으로써 경험이 판단으로 전환될 수 있도록 돕는다.

공론장은 권력의 결과가 아니라 원인이다

공론장은 권력이 형성된 이후에 따라오는 결과가 아니다. 공론장은 권력을 형성하기 위한 선행 조건이다. 주민 권력은 공론장을 통해 발생하고, 공론장을 통해 유지된다.

다음에는 주민 공론장이 기존의 시민 공론장과 어떤 점에서 근본적으로 다른지를 비교 분석한다. 이 비교를 통해 주민 공론장의 독자적 논리를 더욱 분명히 할 것이다.

2. 주민 공론장은 시민 공론장과 무엇이 다른가

시민 공론장의 역사적 역할과 한계

시민 공론장은 근대 민주주의의 핵심 장치로 기능해 왔다. 시민 공론장은 주로 제도적 의사결정 과정과 연결되어 있으며, 정책 형성과 법적 정당성 확보를 위한 의견 형성의 장으로 설계되었다. 이 구조에서 공론장은 제도 이전의 숙의 공간이자, 제도 결정을 보완하는 민주적 장치로 이해된다.

이러한 시민 공론장은 분명 중요한 성취를 이뤘다. 권력이 밀실에서 작동하는 것을 견제했고, 다양한 의견이 제도 과정에 반영될 수 있는 통로를 열었다. 그러나 이 성취는 동시에 한계를 내포한다. 시민 공론장은 본질적으로 결정 권한이 제도에 귀속된 구조를 전제로 한다. 공론장의 결과는 참고 자료, 여론, 입력 값으로 기능할 뿐, 판단의 최종 책임은 제도에 남는다.

이 구조에서는 공론장이 확대될수록 역설적으로 주민의 판단은 외부로 밀려난다. 시민은 말하지만 결정하지 않고, 참여하지만 책임지지 않는다. 이 간극은 시민 공론장이 주민 권력으로 전환되지 않는 핵심 이유다.

출발점의 차이: 안건 중심이냐, 경험 중심이냐

시민 공론장과 주민 공론장의 가장 근본적인 차이는 출발점에 있다. 시민 공론장은 안건 중심으로 출발한다. 무엇을 논의할 것인지는 사전에 정해지며, 발언은 찬반이나 대안 제시의 형태를 띤다. 이 구조에서는 문제의 범위와 언어가 이미 제도적으로 규정되어 있다.

반면 주민 공론장은 경험 중심으로 출발한다. 무엇을 논의할 것인지는 사전에 고정되지 않으며, 주민이 실제로 겪는 불안, 불편, 갈등이 공론의 출발점이 된다. 이때 말은 주장이나 입장이 아니라, 삶의 서술로 시작된다. '나는 이렇게 살고 있다', '우리 동네에서는 이런 일이 반복된다'는 말이 공론의 기초를 이룬다.

이 차이는 단순한 형식의 문제가 아니다. 경험에서 출발하지 않는 공론은 판단을 형성할 수 없다. 주민 공론장은 경험을 삭제하지 않기 위해 안건의 사전 규정을 의도적으로 유보한다.

말의 성격: 주장과 입장이냐, 서사와 맥락이냐

시민 공론장에서 말은 주로 주장과 입장의 형태를 취한다. 발언은 자신의 선호를 명확히 밝히고, 타인의 주장과 경쟁하거나 조정하는 방향으로 조직된다. 이 구조에서는 설득력과 논리성이 중요한 기준이 된다.

반면 주민 공론장에서 말은 서사적이다. 주민은 자신의 삶의 맥락을 설명하고, 왜 특정한 판단이 불가피했는지를 이야기한다. 이 말은 완결된 논증이 아니라, 맥락을 드러내는 언어다. 주민 공론장은 이 서사를 판단의 재료로 다룬다.

이 차이는 권력 형성의 방식에 직접적인 영향을 미친다. 주장 중심의 말은 결정에 영향을 줄 수는 있지만, 판단을 형성하지는 않는다. 서사 중심의 말만이 판단의 기준을 재구성할 수 있다.

책임의 위치: 제도 귀속이냐, 삶의 귀속이냐

시민 공론장과 주민 공론장의 또 하나의 결정적 차이는 책임의 위치다. 시민 공론장에서는 결정의 책임이 제도에 귀속된다. 공론장의 결과는 정책 설계에 반영될 수 있지만, 실패의 책임은 행정이나 정치 주체가 진다.

반면 주민 공론장에서는 판단의 결과가 다시 주민의 삶으로 되돌아온다. 선택의 효과와 부작용, 성공과 실패는 주민이 직접 경험한다. 이 귀속 구조 때문에 주민 공론장은 불편하고 느리다. 그러나 바로 이 불편함이 판단을 훈련시키고 축적한다.

책임이 삶으로 귀속되지 않는 한, 판단은 학습되지 않는다. 이 점에서 주민 공론장은 결정 효율을 목표로 하지 않는다. 주민 공론장의 목표는 판단 능력의 성장이다.

속도와 합의에 대한 상이한 태도

시민 공론장은 대체로 합의 지향적이며, 일정한 시간 내에 결론 도출을 요구받는다. 이는 제도 일정과 정책 집행의 필요에서 비롯된다. 그러나 이 속도 요구는 종종 판단을 생략하게 만든다.

주민 공론장은 합의를 전제로 하지 않는다. 오히려 갈등과 불일치를 판단의 자원으로 유지한다. 합의되지 않은 채 남는 판단 역시 기억되어야 할 자산으로 다룬다. 이 때문에 주민 공론장은 느리고, 때로는 답답하게 느껴진다.

그러나 주민 권력은 바로 이 느림 속에서 형성된다. 판단은 시간 속에서만 성숙하기 때문이다.

주민 공론장의 독자적 논리

주민 공론장은 시민 공론장의 확장판이 아니다. 그것은 전혀 다른 논리 위에 서 있다. 주민 공론장은 제도를 보완하는 의견 수렴 장치가 아니라, 주민 권력을 형성하는 독자적 구조다.

다음에는 주민 공론장이 내부적으로 어떤 단계와 층위를 통해 경험을 판단으로 전환하는지를 구체적으로 분석한다.

3. 경험에서 판단으로: 주민 공론장의 내부 구조

왜 '내부 구조'가 중요한가

주민 공론장을 단순한 만남의 공간이나 토론의 장으로 이해하는 순간, 주민 권력은 다시 우연과 개인의 역량에 의존하게 된다. 그러나 앞선 장들에서 반복해서 확인했듯이, 주민 권력은 의지나 각성에서 형성되지 않는다. 그것은 판단이 반복될 수 있도록 조직된 구조에서만 형성된다.

따라서 주민 공론장을 논의할 때 핵심은 '누가 말하는가'나 '얼마나 많은 사람이 참여하는가'가 아니라, 말이 어떤 경로를 거쳐 판단으로 전환되는가이다. 이 전환 경로가 설계되어 있지 않다면, 공론장은 쉽게 감정의 배출구나 주장 경쟁의 장으로 변질된다. 주민 공론장의 내부 구조란 바로 이 전환을 가능하게 하는 단계적 장치의 집합을 의미한다.

1층위: 경험의 층위 – 판단 이전의 세계를 보존하기

주민 공론장의 출발점은 언제나 경험이다. 이때 말해지는 경험은 아직 문제로 정식화되지 않은 상태다. 불편함, 불안, 위화감, 반복되는 피로감과 같은 감각들이 먼저 등장한다. 중요한 점은 이 단계에서 공론장이 해석과 평가를 의도적으로 유보해야 한다는 것이다.

경험의 층위에서 공론장은 다음과 같은 원칙을 따른다. 첫째, 옳고 그름을 묻지 않는다. 둘째, 해결책을 요구하지 않는다. 셋째, 일반화나 대표성을 강요하지 않는다.

이 유보가 무너지면 경험은 즉시 주장이나 요구로 변형된다. 그 순간 공론장은 판단 형성의 장이 아니라, 입장 표명의 장으로 전락한다. 주민 공론장은 경험이 판단으로 전환되기 전까지, 경험이 가진 맥락성과 구체성을 최대한 보존하려 한다.

2층위: 의미의 층위 – 경험을 공동의 현상으로 재구성하기

여러 주민의 경험이 축적되면, 공론장은 다음 단계로 이동한다. 바로 의미의 층위다. 이 단계에서 공론장의 역할은 경험을 단순히 나열하는 것이 아니라, 경험들 사이의 관계를 드러내는 것이다. 여기서 제기되는 질문은 다음과 같다.

- 이 경험들이 반복적으로 나타나는 이유는 무엇인가
- 서로 다른 경험 사이에 공통된 조건은 무엇인가
- 어떤 경험은 왜 더 취약하게 느껴지는가

이 질문을 통해 경험은 개인의 사연에서 벗어나 공동의 현상으로 재구성된다. 중요한 점은, 이 재구성이 전문가의 분석이나 외부 해석에 의해 이루어지지 않는다는 것이다. 의미의 층위는 주민 스스로 경험의 패턴을 인식하는 과정이다. 이때 공론장은 의미를 확정하지 않는다. 잠정적 해석과 다층적 의미를 동시에 유지한다. 이 유연성이 이후 판단의 가능성을 연다.

3층위: 판단의 층위 – 선택을 회피하지 않기

의미가 형성되면, 공론장은 비로소 판단의 층위로 진입한다. 이 단계에서 처음으로 '그래서 우리는 무엇을 할 것인가'라는 질문이 등장한다. 그러나 주민 공론장에서 판단은 곧바로 행동 계획이나 합의로 이어지지 않는다. 판단의 핵심은 선택의 인식이다.

- 무엇을 우선할 것인가
- 무엇을 포기할 것인가
- 무엇을 감당할 것인가

이 질문들은 갈등을 필연적으로 동반한다. 주민 공론장은 이 갈등을 제거하지 않는다. 오히려 갈등을 판단의 재료로 유지한다. 갈등은 이해관계의 충돌이 아니라, 판단 기준의 차이를 드러내기 때문이다. 이 단계에서 합의는 목표가 아니다. 판단의 층위는 다양한 선택 가능성을 열어 두고, 그 선택의 비용과 위험을 드러내는 데 집중한다.

4층위: 책임의 층위 – 판단을 삶으로 되돌리기

주민 공론장의 마지막 층위는 책임의 층위다. 판단은 언제나 결과를 낳는다. 주민 공론장은 이 결과를 제도나 외부 기관에 위임하지 않고, 다시 주민의 삶으로 되돌린다.

이 귀속 구조는 주민 공론장을 불편하게 만든다. 실패를 피할 수 없기 때문이다. 그러나 바로 이 실패 경험이 다음 판단의 자원이 된다. 주민 공론장은 성공 사례만을 축적하지 않는다. 실패와 후회, 보류된 선택 역시 중요한 기억으로 남긴다.

이렇게 경험 → 의미 → 판단 → 책임의 순환이 반복될 때, 주민의 판단은 점점 더 정교해진다. 주민 권력은 바로 이 반복 구조에서 축적된다.

네 층위의 순환성과 비선형성

중요한 점은 이 네 층위가 직선적으로 작동하지 않는다는 것이다. 판단의 결과는 새로운 경험을 낳고, 그 경험은 다시 의미와 판단의 층위로 되돌아간다. 주민 공론장은 이 순환을 중단시키지 않는 구조다. 이 구조가 작동하지 않는 공간은 공론장이 아니다. 그것은 단순한 대화의 장이거나, 참여 절차에 불과하다.

주민 공론장은 말을 많이 하는 공간이 아니라, 판단이 생성되고 훈련되는 장치다. 이 장치가 작동할 때, 주민의 경험은 더 이상 개인의 고립된 감정이 아니라, 집합적 권력의 재료가 된다.

다음에는 이러한 판단이 어떻게 기억으로 축적되고, 장기적인 주민 권력으로 전환되는지를 분석한다.

4. 말이 '남는 방식': 집합적 기억과 권력의 축적

왜 '말이 남아야' 권력이 되는가

주민 공론장에서 이루어지는 말은 대부분 사적인 경험에서 출발한다. 그러나 이 말이 공론장 종료와 함께 흩어지고 잊힌다면, 아무리 깊은 논의가 이루어졌더라도 주민 권력은 형성되지 않는다. 권력은 단일한 판단이나 사건에서 만들어지지 않기 때문이다. 권력은 기억의 축적을 통해서만 형성된다.

주민 권력의 관점에서 기억이란 단순한 기록이 아니다. 그것은 집합적 판단의 이력이며, 다음 판단이 이전 판단을 참조할 수 있게 만드는 조건이다. '말이 남는다'는 것은 그 말이 망각되지 않고 되살아나 논의될 수 있음을 뜻하며, 이는 곧 그에 대한 판단이나 평가가 반복될 수 있다는 의미이다.

이 점에서 주민 공론장은 '무엇을 결정했는가'보다 '어떻게 판단했는가'를 남기는 구조를 필요로 한다.

기록과 기억의 차이: 왜 문서만으로는 충분하지 않은가

많은 제도적 공론장은 회의록, 보고서, 결과 문서를 생산한다. 그러나 이러한 기록은 주민 권력의 기억과는 성격이 다르다. 제도적 기록은 주로 결과 중심이며, 판단의 맥락과 갈등의 과정은 삭제되기 쉽다. 반면 주민 공론장에서 요구되는 기억은 다음의 요소를 포함한다.

- 왜 이 문제가 중요하다고 판단되었는가
- 어떤 대안들이 논의되었고, 왜 선택되지 않았는가
- 판단 당시 어떤 갈등과 망설임이 있었는가
- 그 판단의 결과가 삶에 어떤 영향을 미쳤는가

이러한 요소는 문서로 완전히 환원되기 어렵다. 주민 공론장의 기억은 텍스트에만 저장되지 않고, 이야기와 관계 속에 분산되어 저장된다. 즉, 주민 공론장의 기억은 살아 있는 기억이다.

말이 남는 첫 번째 방식: 판단 과정의 요약

주민 공론장에서 말이 남기 위해서는, 판단의 결과뿐 아니라 판단의 과정이 반복적으로 환기되어야 한다. 이를 위해 공론장은 다음과 같은 장치가 필요하다.

첫째, 공론장 말미에 판단의 흐름을 정리하는 시간이다. 이 정리는 합의를 선언하는 시간이 아니다. 오히려 어떤 선택들이 충돌했는지, 무엇이 끝내 결정되지 않았는지를 드러내는 과정이다.

둘째, 갈등과 보류의 기록을 긍정하는 문화다. 주민 공론장에서 남아야 할 것은 '성공 사례'만이 아니다. 실패와 미결정, 후회 역시 중요한 판단 자원이다. 이들이 지워질 때, 주민 권력은 반복해서 같은 시행착오를 겪게 된다. 이러한 요약은 공식 문서가 아니라, 주민들이 공유하는 판단의 이야기로 남는다.

말이 남는 두 번째 방식: 기억을 다음 판단의 출발점으로 삼기

주민 공론장의 기억은 저장을 넘어 재사용될 때 비로소 권력으로 기능한다. 다음 공론장이 이전 공론장의 판단을 전제로 시작하지 않는다면, 기억은 축적되지 않는다. 주민 공론장의 중요한 질문은 다음과 같다.

- 지난번 우리는 무엇을 선택했는가
- 그 선택의 결과는 무엇이었는가
- 그 결과를 통해 우리는 무엇을 배웠는가

이 질문들이 공론장의 시작점이 될 때, 판단은 선형적으로 진보하지는 않더라도 누적적 학습을 형성한다. 이 학습이 바로 주민 권력의 실질적 내용이다.

말이 남는 세 번째 방식: 기억의 주체는 사람

주민 공론장의 기억은 특정 조직이나 문서에만 귀속되지 않는다. 그것은 주민들 사이의 관계 속에 저장된다. 이 점에서 주민 공론장의 기억은 제도적 기억과 근본적으로 다르다.

제도는 기억을 관리하지만, 주민은 기억을 살아낸다. 어떤 판단이 누구에게 어떤 부담을 주었는지, 어떤 갈등이 이후 관계에 어떤 영향을 미쳤는지는 사람을 통해서만 전달된다. 이 기억의 인적 귀속성 때문에 주민 권력은 쉽게 대체되지 않는다.

사람이 떠나면 기억도 약화되지만, 관계가 유지되는 한 기억은 다른 방식으로 전승된다. 주민 권력의 지속성은 바로 이 관계적 기억에서 나온다.

집합적 기억과 시간: 느림의 정치학

주민 공론장의 기억은 빠르게 축적되지 않는다. 오히려 시간의 흐름 속에서 천천히 침전된다. 이 느림은 비효율이 아니라, 권력 형성의 조건이다. 빠르게 만들어진 판단은 쉽게 잊힌다. 반면 여러 차례의 공론장을 거치며 반복 환기된 판단은 주민의 일상적 판단 기준으로 자리 잡는다.

권력은 말이 '남을 때' 비로소 형성된다

주민 권력은 발언의 자유에서 나오지 않는다. 그것은 말이 기억으로 전환되고, 그 기억이 다음 판단을 규정할 때 형성된다. 주민 공론장은 바로 이 전환을 가능하게 하는 장치다. 다음에는 왜 이러한 공론장이 의도적으로 느리고 불편해야 하는지, 그리고 그 느림이 어떤 정치적 의미가 있는지를 분석한다.

5. 왜 주민 공론장은 느리고 불편해야 하는가

'비효율'이라는 오해: 주민 공론장을 둘러싼 잘못된 평가

주민 공론장은 종종 비효율적이라는 평가를 받는다. 논의는 길어지고, 결론은 쉽게 도출되지 않으며, 갈등은 반복적으로 표면화된다. 제도적 의사결정의 관점에서 보면, 이러한 과정은 불필요한 비용처럼 보이기 쉽다. 그러나 이러한 평가는 주민 공론장을 정책 결정 기구로 오해할 때 발생한다.

주민 공론장은 결정을 빠르게 내리기 위한 장치가 아니다. 주민 공론장의 목적은 합의 자체가 아니라, 판단 능력의 형성이다. 판단 능력은 단기간에 축적되지 않으며, 갈등과 실패를 통과하는 과정이 필요하다. 이 점에서 주민 공론장의 느림은 결함이 아니라 필수 조건이다.

빠른 합의가 만들어내는 권력의 공백

효율을 중시하는 공론장은 흔히 빠른 합의를 목표로 한다. 이때 갈등은 제거되어야 할 장애물로 취급되고, 이견은 중재나 타협을 통해 조기에 봉합된다. 그러나 이러한 합의는 주민 권력 형성의 관점에서 심각한 문제를 낳는다.

첫째, 빠른 합의는 판단의 부담을 회피하게 만든다. 합의가 목표가 되는 순간, '무엇이 더 중요한가', '무엇을 포기할 수 있는가'라는 질문은 뒤로 밀린다. 둘째, 갈등이 봉합될수록 책임의 소재는 불분명해진다. 누구도 선택의 결과를 온전히 감당하지 않게 될 때, 판단은 축적되지 않는다. 주민

권력은 갈등을 제거한 합의에서 나오지 않는다. 그것은 갈등을 통과한 판단에서만 형성된다.

불편함의 정치학: 왜 갈등을 제거해서는 안 되는가

주민 공론장의 불편함은 주로 갈등에서 발생한다. 서로 다른 경험과 이해관계, 가치 판단이 충돌할 때 공론장은 긴장 상태에 놓인다. 그러나 이 긴장은 병리적 현상이 아니라, 권력 형성의 동력이다.

갈등은 단순한 이해관계의 충돌이 아니다. 그것은 각자가 무엇을 중요하게 여기며 살아왔는지를 드러내는 장면이다. 이 장면을 통과하지 않는 판단은 삶에 뿌리내리지 못한다. 주민 공론장은 갈등을 중재의 대상으로 다루지 않고, 판단의 재료로 다룬다.

이때 불편함은 주민에게 질문을 던진다. '그럼에도 불구하고 우리는 무엇을 함께 감당할 수 있는가.' 이 질문에 대한 응답이 바로 주민 권력의 실질적 내용이다.

느림과 시간: 판단이 성숙하는 조건

주민 공론장에서 느림은 시간의 문제이기도 하다. 판단은 정보가 충분해졌다고 자동으로 성숙하지 않는다. 판단은 반복된 경험, 실패의 기억, 관계의 변화 속에서만 정교해진다.

짧은 시간 안에 이루어진 판단은 외부 자극에 쉽게 흔들린다. 반면 여러 차례의 공론장을 거쳐 형성된 판단은 주민의 일상적 기준으로 자리 잡는다. 이때 판단은 더 이상 공론장의 결과가 아니라, 삶의 방식이 된다. 주민 권력의 지속성은 바로 이 시간의 축적에서 나온다. 느림은 주민 권력이 스스로를 보호하는 방식이기도 하다.

효율을 요구하는 제도와 과정을 중시하는 공론장

주민 공론장의 느림은 종종 제도와의 긴장을 유발한다. 행정과 정책은 일정한 시한과 성과를 요구하기 때문이다. 그러나 이 긴장은 조정의 실패가 아니라, 권력 형성 방식의 차이에서 비롯된다.

제도는 결과를 요구하지만, 주민 공론장은 과정을 요구한다. 제도는 측정을 요구하지만, 주민 공론장은 의미를 요구한다. 이 차이를 무시하고 주민 공론장에 효율의 논리를 강제할 때, 공론장은 빠르게 형식화되고 포획된다. 주민 공론장이 느릴 수 있어야 하는 이유는, 그 느림이 제도 논리로부터 판단을 보호하는 최소한의 방어선이기 때문이다.

불편함을 견디는 능력과 주민 권력의 성숙

주민 권력의 성숙은 불편함을 견디는 능력과 비례한다. 갈등을 끝내지 않고 남겨둘 수 있는 능력, 판단을 유보할 수 있는 능력, 실패를 성찰의 자원으로 전환할 수 있는 능력은 모두 시간이 필요하다.

이 능력은 교육이나 계몽을 통해 주어지지 않는다. 그것은 공론장의 반복적 경험 속에서만 형성된다. 주민 공론장은 바로 이 경험을 조직하는 장치다.

6. 주민 공론장은 궤도 안정 장치이다

공론장은 갈등을 제거하는 장치인가

주민 집단이 존재하는 삶의 영역은 본질적으로 안정적이지 않다. 주민 집단은 고정된 조직도, 명확한 위계도, 지속적으로 작동하는 규칙도 없이 움직인다. 구성원은 유입되고 이탈하며, 관계는 재편되고, 문제의식은 끊임없이 변한다. 이러한 조건 속에서 갈등은 예외적 사건이 아니라 일상적 상태에 가깝다. 그럼에도 불구하고 기존의 공론장 이해는 갈등을 '정리해야 할 문제', '합의로 수렴되어야 할 과정'으로 오인해 왔다. 이 관점에서 공론장은 대립을 줄이고, 의견 차이를 봉합하며, 집단을 일시적으로 안정시키는 회의 공간으로 인식되어왔다.

그러나 이러한 이해는 주민 집단의 실제 움직임을 설명하지 못한다. 갈등은 사라지지 않고, 합의는 오래 지속되지 않으며, 봉합된 문제는 다른 형태로 재등장한다. 이 지점에서 공론장은 더 이상 합의 장치나 조정 장치로 이해되어서는 안 된다. 공론장은 갈등을 제거하는 장치가 아니라, 갈등이 집단을 분열시키지 않도록 시스템의 궤도를 안정화하는 장치로 다시 개념화되어야 한다.

주민 집단은 '움직이는 시스템'이다

주민 집단을 시스템으로 이해한다는 것은, 그것을 기계적·폐쇄적 구조로 본다는 의미가 아니다. 오히려 주민 집단은 열려 있고, 불완전하며, 항상 흔들리는 시스템이다. 이 시스템은 세 가지 차원에서 끊임없이 이동한다.

첫째, 관계의 이동이다. 주민 집단에서 관계는 고정되지 않는다. 친밀했던 관계가 멀어지고, 주변부에 있던 사람이 중심으로 이동하기도 한다. 둘째, 경계의 이동이다. 누가 내부자인지, 누가 발언할 수 있는지, 어떤 문제를 '우리의 문제'로 인정할 것인지는 계속 재조정된다. 셋째, 판단의 이동이다. 과거에는 당연했던 판단이 더 이상 통하지 않게 되고, 새로운 기준이 요구된다.

이처럼 주민 집단은 멈추지 않는다. 문제는 이 움직임 자체가 아니라, 이 움직임이 분절(fragmentation)로 이어질 때 발생한다. 즉, 각자 다른 기준으로 판단하고, 각자 다른 방향으로 움직이며, 집단이라는 시스템이 더 이상 공동의 궤도를 유지하지 못할 때 위기가 발생한다. 공론장은 바로 이 지점에서 필요한 장치다.

공론장은 '정지 장치'가 아니라 '궤도 안정 장치'다

주민 집단에서 갈등이 격화될 때 흔히 등장하는 대응은 '일단 멈추자', '지금은 이야기하지 말자', '정리될 때까지 기다리자'라는 식의 정지 전략이다. 그러나 이러한 전략은 시스템을 안정시키지 못한다. 집단의 움직임은 멈추지 않기 때문이다. 다만 공적으로 다루는 통로만 차단될 뿐이다. 그 결과 판단은 비공식화되고, 갈등은 뒷말과 적대로 전환되며, 시스템은 더욱 불안정해진다.

공론장은 집단의 움직임을 멈추는 장치가 아니다. 오히려 공론장은 집단이 계속 움직이되, 하나의 판단 체계 안에서 이동하도록 만드는 장치, 즉 궤도 안정 장치다. 여기서 궤도 란 집단이 문제를 인식하고, 갈등을 표현하며, 판단을 내리고, 그 결과를 책임지는 일관된 경로를 의미한다.

갈등은 시스템 고장이 아니라 이동 신호다

공론장을 안정화 장치로 이해하기 위해서는 갈등에 대한 인식 전환이 선행되어야 한다. 갈등은 시스템의 병리적 증상이 아니다. 오히려 갈등은 시스템이 이동하고 있다는 신호이다. 갈등이 격화된다는 것은 기존의 경계와 판단 기준이 더 이상 작동하지 않음을 의미한다. 침묵이 확산된다는 것은 참여 비용이 과도해졌다는 경고이다. 이탈이 늘어난다는 것은 인정과 자원 배분 구조가 붕괴되었음을 보여준다.

따라서 갈등을 제거하려는 시도는 곧 이동을 멈추려는 시도이며, 이는 시스템의 성장을 차단한다. 공론장은 갈등을 없애는 장치가 아니라, 갈등을 판단 가능한 형태로 전환함으로써 시스템의 이동을 지속 가능하게 만드는 장치다.

공론장 안정화를 위한 세 가지 핵심 요소

첫째는 판단 기준의 안정화이다. 공론장이 없는 집단에서는 각자가 서로 다른 기준으로 판단한다. 어떤 이는 도덕적 기준으로, 어떤 이는 손익 기준으로, 어떤 이는 관계 유지 기준으로 문제를 본다. 이때 갈등은 해결될 수 없다. 공론장은 '누가 옳은가'를 묻지 않고, '우리는 어떤 기준으로 판단할 것인가'를 묻는 공간이다. 이를 통해 집단은 판단의 언어와 기준을 공유하게 되고, 판단 체계가 안정화된다.

둘째는 갈등 표현 경로의 안정화이다. 공론장이 작동하지 않으면 갈등은 두 극단으로 흐른다. 하나는 폭발이고, 다른 하나는 침전이다. 공론장은 갈등을 숨기지 않고 드러내며, 인신공격이나 감정 대립이 아니라 구조적 질문으로 전환한다. 이로써 갈등은 폭발하지도, 잠복하지도 않고 일정한 경로를 따라 흐르게 된다. 이것이 시스템 안정화의 핵심이다.

셋째는 책임 귀속의 안정화이다. 공론장이 없는 집단에서는 결정의 책임이 개인에게 전가된다. '그 사람이 밀어붙였다', '누군가 뒤에서 결정했다'는 말이 반복된다. 공론장이 작동하면 판단의 결과는 개인이 아니라 집단 전체에 귀속된다. '우리가 이렇게 판단했다'는 언어가 가능해지는 순간, 책임 구조가 안정되고 이탈과 적대가 줄어든다.

집단 내부와 집단 간 공론장

공론장의 안정화 기능은 집단 내부에만 국한되지 않는다. 주민 집단과 주민 집단 사이에서도 공론장은 중요하다. 집단 간 갈등은 흔히 인정 투쟁과 경계 투쟁의 형태로 나타나며, 각 집단은 자신만의 판단 체계를 절대화한다. 이때 공론장은 집단 간 갈등을 해소하기보다는, 서로 다른 판단 체계가 공적으로 마주칠 수 있는 궤도를 제공한다. 이를 통해 집단 간 이동 역시 완전히 분절되지 않고 관리 가능해진다.

공론장이 작동하지 않을 때 나타나는 시스템 붕괴

공론장이 부재하거나 형식적으로만 존재할 경우, 주민 집단 시스템은 다음과 같은 경로로 붕괴된다. 공식 공간에서는 침묵이 지배하고, 비공식 공간에서 불만이 축적되며, 판단은 사적으로 이루어진다. 그 결과, 결정에 대한 불복과 이탈이 반복되고, 집단은 형식만 남은 채 실질적으로는 해체된다. 이는 갈등이 많아서가 아니라, 갈등을 처리할 안정화 장치가 없기 때문이다 .

공론장은 '조용한 집단'을 만드는 장치가 아니다

공론장은 집단을 조용하게 만드는 장치가 아니다. 공론장은 갈등 속에서도 집단이 같은 궤도 위에서 계속 이동할 수 있게 만드는 장치다. 합의를 강제하지 않고, 의견 일치를 요구하지 않으며, 갈등을 제거하지 않는다. 대신 갈등을 판단으로 전환하고, 판단의 기준·경로·책임을 안정화함으로써 시스템이 분열되지 않도록 한다.

이 관점에서 볼 때, 건강한 주민 집단이란 갈등이 없는 집단이 아니라, 갈등을 공적으로 드러내고 판단으로 전환할 수 있는 시스템을 갖춘 집단이다. 공론장은 바로 그 시스템의 핵심 안정 장치이며, 주민 권력이 지속적으로 형성·확장될 수 있는 조건이다.

제9장 국가·제도와의 충돌: 주민 권력의 한계와 조건
― 왜 주민 권력은 항상 위험에 놓이는가

　앞선 장들에서 우리는 주민 권력이 어디에서 형성되는지, 그리고 그 핵심 장치로서 주민 공론장이 어떤 구조를 갖는지를 살펴보았다. 그러나 주민 권력 논의는 여기에서 멈출 수 없다. 주민 권력이 실제로 작동하기 시작하는 순간, 그것은 필연적으로 국가와 제도라는 기존 권력 체계와 마주치게 되기 때문이다. 이 장은 다음과 같은 문제의식에서 출발한다. 주민 권력이 국가·제도와 충돌하는 이유는 무엇인가? 그리고 더 나아가, 그 충돌은 주민 권력의 실패를 의미하는가? 아니면 오히려 그 성립 조건을 드러내는가?

　일반적으로 정치 이론에서 충돌은 조정의 실패나 제도의 미비로 설명된다. 그러나 주민 권력의 관점에서 볼 때, 국가·제도와의 충돌은 우연적 사건이 아니라 구조적 필연이다. 주민 권력과 국가 권력은 서로 다른 방식으로 형성되며, 서로 다른 시간성과 논리를 갖기 때문이다. 이 장에서는 주민 권력이 왜 항상 충돌 위험에 놓일 수밖에 없는지를 설명함과 동시에, 그 위험이 제거되어야 할 장애물이 아니라 주민 권력이 유지되기 위한 조건임을 논증한다.

1. 주민 권력은 왜 국가와 긴장 관계에 놓일 수밖에 없는가

주민 권력은 반국가적 권력이 아니다

먼저 분명히 해야 할 점이 있다. 주민 권력은 국가에 대항하기 위해 등장하지 않는다. 주민 권력은 국가를 부정하거나 해체하려는 정치 프로젝트가 아니다. 또한 주민 권력은 국가의 기능을 대체하려는 또 하나의 '작은 국가'도 아니다.

주민 권력의 목적은 국가를 무력화하는 것이 아니라, 국가가 감당할 수 없는 영역을 다시 삶의 자리로 되돌리는 것이다. 그럼에도 불구하고 주민 권력은 언제나 국가·제도와 긴장 관계에 놓인다. 이 긴장은 의도의 문제가 아니라 구조의 문제다.

국가 권력의 형성 방식: 집중, 표준화, 일반화

국가 권력은 본질적으로 집중적이다. 국가는 광범위한 인구와 영토를 관리하기 위해 판단과 책임을 특정 제도와 조직에 집중시킨다. 정책은 표준화되어야 하고, 제도는 동일하게 적용되어야 하며, 행정은 예측 가능해야 한다.

이러한 방식은 대규모 사회를 운영하는 데 필수적이다. 국가가 표준과 규칙을 통해 작동하지 않는다면, 권력은 자의성과 혼란으로 전락할 것이다. 그러나 바로 이 강점이 주민 권력과의 충돌 지점이 된다.

국가 권력은 삶의 차이를 관리 가능한 변수로 환원하려는 경향이 있다. 지역, 관계, 맥락, 감정은 제도 설계 과정에서 삭제되거나 축소된다. 이는 국가의 실패라기보다, 국가 권력의 작동 방식 그 자체이다.

주민 권력의 형성 방식: 분산, 맥락, 관계

반면 주민 권력은 정반대의 방식으로 형성된다. 주민 권력은 판단을 한곳에 모으지 않는다. 오히려 판단은 삶의 자리 곳곳에 분산되어 있으며, 각 판단은 특정한 관계와 맥락 속에서 이루어진다.

주민 권력은 동일한 해답을 요구하지 않는다. 같은 문제라도 지역과 관계에 따라 다른 판단이 가능하다는 점을 전제로 한다. 그래서 주민 권력은 처음부터 하나의 기준으로 맞추거나 일반화할 수 없는 성격을 가진다.

국가 권력이 '모두에게 동일하게 적용될 수 있는가'를 묻는다면, 주민 권력은 '이 삶의 조건에서 감당 가능한가'를 묻는다. 이 질문의 차이는 곧 권력의 성격 차이이다.

판단의 위치를 둘러싼 충돌

국가 권력과 주민 권력의 가장 근본적인 충돌 지점은 판단의 위치이다. 국가는 판단을 제도 내부로 끌어들이려 한다. 판단은 법률, 규정, 행정 절차, 전문가 자문을 통해 수행되며, 주민은 그 판단의 대상이 되거나 수용자가 된다. 반면 주민 권력은 판단을 다시 삶의 자리로 되돌리려 한다.

이 두 방향성은 구조적으로 충돌한다. 국가는 주민의 판단을 위험 요소로 인식하기 쉽다. 불확실하고, 예측 불가능하며, 통제하기 어렵기 때문이다. 반대로 주민의 입장에서 국가의 판단은 추상적이며, 삶의 맥락을 충분히 반영하지 못하는 것으로 경험된다. 이 충돌은 어느 한쪽의 오류가 아니다. 그것은 권력이 어디에서 형성되어야 하는가에 대한 관점의 차이이다.

긴장은 조정의 실패가 아니라 구조적 필연이다

이러한 이유로 주민 권력이 제도와 만날 때 발생하는 긴장은 조정이나 협의로 완전히 해소될 수 없다. 협의는 가능하지만, 긴장 자체를 제거하는 것은 불가능하다. 긴장을 제거하려는 시도는 곧 주민 권력을 무력화하는 방향으로 작동하기 때문이다. 주민 권력의 관점에서 중요한 것은 긴장을 없애는 것이 아니라, 긴장을 견디는 구조를 만드는 것이다. 주민 공론장은 바로 이 역할을 수행한다. 공론장은 국가와의 경계를 흐리지 않으면서도, 판단의 자리를 주민에게 남겨두는 장치이다.

주민 권력은 위험 속에서만 유지된다

주민 권력은 국가와의 충돌을 피할 수 없다. 그러나 이 충돌은 주민 권력의 한계가 아니라, 오히려 주민 권력이 살아 있음을 보여주는 징표이다. 주민 권력이 안전해지는 순간, 그것은 이미 제도에 흡수되었을 가능성이 크다.

다음에는 국가와 제도가 주민 권력에 대응하는 보다 구체적인 방식, 즉 '흡수'의 메커니즘을 분석한다. 이는 주민 권력이 가장 쉽게 약화되는 경로이기도 하다.

2. 제도는 주민 권력을 어떻게 '흡수'하는가

억압이 아니라 흡수라는 대응 방식

주민 권력이 등장할 때, 국가와 제도가 선택하는 기본 전략은 대체로 억압이 아니다. 노골적인 탄압이나 배제는 오히려 주민 권력의 정당성을 강화하고 갈등을 가시화한다. 현대의 행정국가와 제도는 이러한 방식을 거의 사용하지 않는다. 대신 보다 정교하고 안정적인 '흡수'라는 대응 방식을 채택한다.

흡수란 주민 권력이 만들어낸 문제의식, 언어, 에너지를 제도 내부로 끌어들이되, 판단의 핵심과 책임의 귀속은 다시 제도가 유지하는 방식이다. 이 과정에서 주민 권력은 외형적으로는 존중받는 것처럼 보이지만, 실제로는 권력의 형성 조건을 상실한다.

흡수의 첫 단계: 의제의 제도화

흡수는 대개 의제의 이동에서 시작된다. 주민 공론장에서 제기된 문제는 '사회적 요구', '정책 과제', '사업 필요성'이라는 이름으로 재정의된다. 이 재정의 과정에서 문제는 더 넓은 범주로 일반화되고, 동시에 구체적 맥락은 제거된다.

주민이 경험한 불안과 갈등은 '돌봄 서비스 부족', '주민 갈등 관리', '지역 역량 강화'와 같은 제도적 언어로 번역된다. 이 번역은 문제를 해결 가능한 대상으로 만드는 효과가 있지만, 동시에 판단의 출발점을 주민의 삶에서 제도의 관심사로 이동시킨다.

이 순간, 공론장은 더 이상 '무엇을 감당할 것인가'를 묻지 않는다. 대신 '어떤 정책이 필요한가', '어떤 사업이 적합한가'를 묻게 된다. 질문의 성격이 바뀌는 순간, 판단의 주체 역시 바뀐다.

흡수의 두 번째 단계: 참여의 제도화

의제가 제도화되면, 그 다음 단계는 참여의 제도화이다. 주민은 각종 위원회, 협의체, 공청회, 거버넌스 기구에 초대된다. 이 참여는 형식적으로는 주민 권력을 인정하는 것처럼 보인다. 실제로 주민은 발언권을 얻고, 의견을 제출하며, 회의에 참석한다.

그러나 이 참여 구조에는 중요한 결여가 있다. 판단의 권한이 없다는 점이다. 주민의 발언은 참고 의견이 되거나, 정당성 확보의 근거로 사용될 뿐, 결정의 기준이 되지는 않는다. 결정은 여전히 행정, 전문가, 제도 내부의 규칙에 따라 이루어진다.

이 구조에서 주민은 다시 말하는 존재로 환원된다. 말은 많아지지만, 판단은 축적되지 않는다. 참여는 확대되지만, 권력은 형성되지 않는다.

흡수의 세 번째 단계: 책임의 대리

흡수의 가장 결정적인 단계는 책임의 이전이다. 제도는 주민 대신 결과를 감당한다. 사업성과는 행정 보고서로 관리되고, 실패는 제도 개선이나 예산 조정의 문제로 환원된다. 주민은 결과에 대한 직접적인 책임을 지지 않는다.

겉으로 보면 이는 주민을 보호하는 조치처럼 보인다. 실패의 부담을 주민에게 떠넘기지 않는다는 점에서, 제도는 합리적이고 배려하는 주체로 나타난다. 그러나 바로 이 지점에서 주민 권력의 핵심 조건이 사라진다.

판단은 책임과 결합될 때만 훈련되고 축적된다. 결과가 다시 주민의 삶으로 되돌아오지 않는 구조에서는 판단이 학습되지 않는다. 주민은 다시 요구하는 존재, 불만을 표출하는 존재로 남는다.

흡수의 효과: 비가시적 무력화

흡수의 가장 심각한 점은, 그것이 주민에게 일정한 만족감을 제공한다는 사실이다. 공식적인 참여, 제도적 인정, 정책 언어의 사용은 주민에게 '우리가 반영되었다'는 감각을 준다. 이 감각은 갈등을 완화하고, 저항을 감소시킨다.

그러나 이 만족감은 주민 권력의 성장을 의미하지 않는다. 오히려 주민이 판단의 바깥에 머무르고 있다는 사실을 가리게 된다. 주민은 배제되었다고 느끼지 않기 때문에, 자신의 비주체화 역시 인식하지 못한다. 이러한 흡수 구조는 주민 권력을 약화시키면서도, 그 약화를 거의 보이지 않게 만든다. 이것이 억압보다 흡수가 더 강력한 이유다.

주민 공론장의 변질

흡수가 반복될수록 주민 공론장은 변질된다. 판단을 형성하던 공간은 의견을 수렴하는 공간으로 바뀌고, 선택의 부담은 사라진다. 공론장은 더 이상 갈등을 통과하는 장이 아니라, 합의를 연출하는 장이 된다.

이때 공론장은 여전히 '공론장'이라는 이름을 유지한다. 그러나 그 내부 논리는 완전히 달라진다. 경험은 판단으로 이어지지 않고, 대신 판단은 제도 내부에서 이루어진다. 공론장의 외형은 남지만, 권력 형성 기능은 소멸한다.

흡수는 가장 흔한 실패 경로다

주민 권력은 국가와 제도의 흡수 전략에 의해 가장 쉽게 약화된다. 억압은 갈등을 드러내지만, 흡수는 갈등을 중화시킨다. 그러나 그 대가로 주민은 다시 판단의 주체 자리에서 밀려난다.

다음에는 이러한 흡수 전략이 구체적으로 지원, 사업, 제도화의 형태로 어떻게 작동하는지를 분석한다. 이는 주민 권력이 '성공'하는 순간 가장 위험해지는 지점이기도 하다.

3. 지원·사업·제도화의 함정: 권력은 어떻게 약화되는가

억압보다 위험한 '지원'의 정치

국가와 제도가 주민 권력에 대응하는 가장 일반적인 방식은 억압이 아니라 지원이다. 재정 지원, 공간 제공, 인력 배치, 법·제도 연계는 표면적으로 주민의 자율성과 역량을 강화하는 조치로 보인다. 실제로 많은 주민 활동은 이러한 지원 없이는 지속되기 어렵다. 이 점에서 지원은 주민 권력의 현실적 조건처럼 인식된다.

그러나 바로 이 지점에서 주민 권력은 새로운 위험에 노출된다. 지원은 결코 중립적이지 않다. 지원은 항상 조건, 형식, 속도, 평가 기준을 동반하며, 이 요소들은 주민 권력의 핵심인 판단 구조에 미세하지만 결정적인 변화를 가한다.

사업화: 판단에서 수행으로의 전환

지원이 시작되면 주민 활동은 곧 사업의 형태로 재구성된다. 사업 계획서, 목표 설정, 성과 지표, 일정 관리, 예산 집행이라는 언어가 주민 공론장의 언어를 대체한다. 이 과정에서 주민이 던져야 할 질문은 바뀐다.

'우리는 무엇을 감당할 것인가'라는 판단의 질문은 '이 사업의 목표를 어떻게 달성할 것인가'라는 수행의 질문으로 이동한다.

이 전환은 단순한 행정적 변화가 아니다. 그것은 권력의 성격 자체를 바꾼다. 주민은 더 이상 선택하는 주체가 아니라, 주어진 목표를 잘 수행해야 하는 주체로 재 위치된다. 판단은 사라지고, 실행만 남는다.

성과 지표를 통한 평가와 판단의 소멸

사업화가 심화될수록, 주민 활동은 성과 지표에 의해 평가된다. 참여 인원 수, 회의 횟수, 프로그램 운영 실적, 만족도 조사 결과는 주민 활동의 '성공'을 측정하는 기준이 된다. 이 지표들은 관리와 비교를 가능하게 하지만, 동시에 판단을 제거한다.

주민 권력의 핵심은 무엇을 선택했고, 왜 그 선택을 했으며, 그 결과를 어떻게 감당했는가에 있다. 그러나 성과 지표는 이러한 질문을 하지 않는다. 지표는 결과만을 요구하고, 그 결과가 어떤 판단 과정에서 나왔는지는 관심을 두지 않는다. 이때 주민 공론장은 판단의 공간이 아니라, 성과를 생산하는 공간으로 전환된다.

제도 연계의 역설: 안정성과 종속성

많은 주민 활동은 지속 가능성을 확보하기 위해 제도와의 연계를 추구한다. 제도 연계는 안정적인 재원, 공식적 인정, 정책 반영 가능성을 제공한다. 이는 분명 중요한 장점이다.

그러나 제도 연계가 심화될수록, 주민 권력은 제도의 논리와 시간표에 종속된다. 공론장의 의제는 제도 일정에 맞춰 조정되고, 판단의 속도는 행정 절차에 의해 제한된다. 주민은 점차 자기 삶의 리듬이 아니라, 사업 공고와 평가 일정에 맞춰 사고하고 판단하게 된다.

이때 주민 권력은 외형적으로는 성장한 것처럼 보인다. 조직은 커지고, 예산은 늘어나며, 활동은 확대된다. 그러나 그 내부에서는 판단의 자율성이 점점 축소된다.

책임의 재구성: 주민에서 제도로

지원과 제도화가 가져오는 가장 결정적인 변화는 책임의 재구성이다. 사업이 제도화될수록, 결과에 대한 책임은 제도와 행정으로 이동한다. 실패는 주민의 판단 실패가 아니라, 사업 설계의 문제나 제도 개선의 과제로 처리된다.

이 구조에서는 주민이 실패를 통해 학습할 기회를 잃는다. 실패는 공동의 기억으로 축적되지 않고, 보고서의 항목으로 정리된다. 판단은 다음 판단으로 이어지지 못하고, 매년 새롭게 '초기화'된다.

주민 권력은 바로 이 지점에서 약화된다. 판단과 책임이 분리되기 때문이다.

점진적 변화의 함정

이 모든 변화는 급격하게 일어나지 않는다. 오히려 매우 점진적이며, 합리적인 이유를 동반한다. 재정 안정, 투명성 확보, 지속 가능성은 모두 설득력 있는 가치다. 그래서 주민은 자신이 권력을 잃고 있다는 사실을 인식하기 어렵다. 주민 권력의 약화는 실패의 결과가 아니라, 성공의 부산물로 나타난다. 활동이 인정받고, 지원이 늘어나고, 제도와 연결될수록, 판단의 공간은 점점 좁아진다.

강화처럼 보이는 약화

지금까지 살펴본 바와 같이, 지원·사업·제도화는 주민 권력을 강화하는 것처럼 보이지만, 실제로는 그 핵심을 잠식할 수 있다. 주민 권력은 규모나 자원이 아니라, 판단의 구조에 의해 유지된다. 이 구조가 해체되는 순간, 아무리 많은 지원과 제도적 인정이 있어도 주민 권력은 형성되지 않는다.

다음에는 이러한 과정이 어떻게 주민 공론장의 포획으로 이어지는지를 보다 구체적으로 분석한다. 이는 주민 권력이 가장 흔하게 실패하는 경로이기도 하다.

4. 주민 공론장은 어떻게 '포획'되는가

포획은 사건이 아니라 과정이다

주민 공론장의 포획은 단일한 사건이나 결정으로 발생하지 않는다. 그것은 일련의 미세한 이동과 조정이 축적되면서 이루어진다. 그래서 포획은 대개 늦게 인식된다. 공론장은 여전히 열리고, 주민은 여전히 말하며, 참여의 외형도 유지된다. 그러나 그 내부에서 무엇이 판단되고, 누가 책임지는가라는 핵심 구조는 이미 달라져 있다.

포획을 이해하기 위해서는 '누가 말을 통제하는가'보다 '말이 무엇으로 전환되는가'를 보아야 한다. 포획은 발언의 금지가 아니라, 판단의 변환을 통해 이루어진다.

1단계: 의제의 이동 – 경험에서 정책 관심사로

포획의 첫 단계는 의제의 이동이다. 주민 공론장은 원래 주민의 경험에서 출발한다. 불안, 갈등, 관계의 붕괴, 일상의 위기는 공론의 출발점이다. 그러나 제도와의 접촉이 늘어날수록, 공론장의 의제는 점차 행정의 관심사와 정책 우선순위로 이동한다.

이 이동은 대개 다음과 같은 질문으로 시작된다. "이 논의가 어떤 정책과 연결될 수 있는가?" "어떤 사업으로 확장할 수 있는가?"

이 질문이 반복될수록, 공론장의 중심은 바뀐다. 주민의 삶에서 출발한 문제는 정책 설계에 적합한 형태로 재구성되고, 공론장은 점점 정책 예비 논의 공간으로 성격이 변한다. 이때 주민은 여전히 말하지만, 그 말은 이미 설정된 틀 안에서만 의미를 갖는다.

2단계: 언어의 전환 – 경험 언어에서 행정 언어로

의제가 이동하면, 곧이어 언어의 전환이 발생한다. 주민의 경험적 언어는 행정적·기술적 언어로 번역된다. 불안은 '위험 요인'이 되고, 갈등은 '이해관계 충돌'이 되며, 관계의 문제는 '사회적 자본'이나 '네트워크 지표'로 환원된다.

이 번역은 효율적인 관리와 보고를 가능하게 하지만, 판단의 맥락을 삭제한다. 경험이 왜 문제로 느껴졌는지, 어떤 선택의 갈림길이 있었는지는 언어 속에서 사라진다. 남는 것은 측정 가능한 요소뿐이다.

이 단계에서 주민은 자신의 말을 더 이상 알아보지 못하게 된다. 말은 분명 기록되었지만, 그 의미는 변형되었다. 이때 공론장은 경험을 존중하는 공간이 아니라, 데이터를 생산하는 공간으로 전환된다.

3단계: 책임의 이전 - 삶에서 보고서로

포획의 세 번째 단계는 책임의 이전이다. 주민 공론장에서 형성된 판단의 결과는 더 이상 주민의 삶으로 되돌아오지 않는다. 대신 성과 보고서, 평가 회의, 다음 연도 계획서가 결과를 대신한다.

선택의 성공과 실패는 삶의 변화가 아니라, 사업 지속 여부나 예산 조정의 근거로 처리된다. 실패는 학습의 자원이 아니라, 사업 종료의 이유가 된다. 이 구조에서는 판단이 축적될 수 없다. 판단은 매년 초기화되고, 공론장은 매번 '새롭게 시작'한다.

주민은 결과를 감당하지 않기 때문에, 판단의 부담도 느끼지 않는다. 판단이 가벼워지는 순간, 권력은 사라진다.

포획의 역설: 참여는 유지되고 권력은 사라진다

주민 공론장의 포획이 특히 위험한 이유는, 그것이 참여를 유지한 채 권력을 제거하기 때문이다. 주민은 여전히 회의에 참석하고, 발언하며, 의견을 제시한다. 그래서 배제되었다고 느끼지 않는다.

그러나 이 참여는 더 이상 판단으로 이어지지 않는다. 공론장은 합의를 연출하거나, 절차적 정당성을 확보하는 장치로 기능한다. 주민은 말하는 시민으로 남지만, 판단하는 주민으로는 회복되지 않는다. 이 구조에서 공론장은 가장 안정적인 탈정치 장치가 된다. 갈등은 관리되고, 에너지는 흡수되며, 권력 형성은 차단된다.

왜 포획은 쉽게 인식되지 않는가

포획이 잘 인식되지 않는 이유는, 그 과정이 합리적 언어로 포장되기 때문이다. 효율, 지속 가능성, 전문성, 책임성은 모두 부정할 수 없는 가치이다. 그러나 이 가치들이 판단의 자리를 대체하는 순간, 주민 권력은 서서히 해체된다.

주민은 배제되지 않았기 때문에 문제를 느끼지 못한다. 오히려 '우리가 제도와 연결되었다', '의견이 반영되었다'는 감각을 갖는다. 그러나 그 감각은 권력의 형성을 의미하지 않는다. 그것은 제도와 행정 측면에서 보면, 주민 권력이 형성되지 않도록 만드는 안전장치일 뿐이다.

포획은 가장 흔한 실패의 형태다

주민 공론장의 포획은 예외적 실패가 아니라, 가장 흔한 실패 경로이다. 공론장이 제도와 접촉할수록, 판단의 구조를 지키지 못할 위험은 커진다. 포획은 공론장을 폐쇄하지 않는다. 오히려 공론장을 유지한 채, 그 기능을 바꾼다.

다음에는 이러한 위험 속에서도 주민 권력을 지키기 위한 최소 조건이 무엇인지를 정리한다. 이는 이상적인 기준이 아니라, 주민 권력이 제도와 공존하기 위해 반드시 필요한 방어선이다.

5. 주민 권력을 지키기 위한 최소 조건

순수성의 환상을 버리고 조건의 문제로 전환하기

주민 권력이 국가·제도와 접촉하지 않은 채로 유지될 수 있다는 기대는 현실적이지 않다. 현대 사회에서 주민의 삶은 이미 제도와 깊이 얽혀 있으며, 재정·공간·법적 장치 없이 지속 가능한 주민 활동을 상상하는 것은 불가능하다. 따라서 중요한 질문은 '어떻게 제도를 피할 것인가'가 아니라, '제도와 접촉하면서 무엇을 지켜야 하는가'이다.

여기에서 제시하는 조건들은 이상적인 모델이 아니다. 그것은 주민 권력이 제도와 공존하면서도 스스로를 해체하지 않기 위해 반드시 확보해야 할 최소한의 방어선이다.

조건 1: 의제 설정의 주도권은 반드시 주민에게 있어야 한다

주민 권력의 출발점은 언제나 의제 설정이다. 무엇을 문제로 볼 것인가, 무엇을 논의의 중심에 둘 것인가는 이미 판단의 행위이다. 이 판단이 주민에게 있지 않은 순간, 이후의 모든 참여와 공론은 형식화된다.

지원 사업, 정책 연계, 제도화가 진행되더라도, 공론장의 의제는 주민의 경험에서 출발해야 한다. 행정의 관심사, 사업 공모 지침, 정책 우선순위가 의제를 선점하는 순간, 공론장은 즉시 포획의 경로로 진입한다.

의제 설정의 주도권은 단순한 발언권이 아니라, 무엇을 중요하게 다룰 것인가를 결정하는 권한이다. 이 권한이 주민에게 남아 있는지 여부는 주민 권력의 존속을 가르는 핵심 기준이다.

조건 2: 판단의 결과는 반드시 주민에게 귀속되어야 한다

주민 권력은 판단과 책임의 결합 구조에서만 형성된다. 주민이 선택했지만, 그 결과를 제도나 행정이 대신 감당하는 구조에서는 주민 권력은 성장하지 않는다.

이는 주민에게 부담을 떠넘기자는 주장이 아니다. 오히려 판단의 결과가 삶으로 되돌아오지 않는 구조에서는 판단이 학습되지 않는다는 점을 강조하는 것이다. 성공과 실패 모두가 주민의 공동 기억으로 남을 때만, 판단은 다음 판단으로 이어진다.

제도는 결과를 대신 감당하는 주체가 아니라, 주민이 결과를 감당할 수 있도록 조건을 보조하는 역할에 머물러야 한다. 이 경계가 무너질 때, 주민은 다시 요구의 주체로 후퇴한다.

조건 3: 공론장의 속도를 주민이 통제할 수 있어야 한다

제도는 속도를 요구한다. 예산 집행, 성과 보고, 일정 관리는 모두 시간표에 따라 움직인다. 그러나 주민 권력은 숙성이 필요하다. 판단은 충분한 시간과 반복을 통해서만 정교해진다.

공론장이 제도가 정한 일정에 종속되는 순간, 판단은 생략되고 수행만 남는다. 빠른 합의, 신속한 결정은 때로 효율적일 수 있지만, 주민 권력의 축적에는 오히려 치명적이다.

따라서 주민 공론장은 느릴 권리를 가져야 한다. 논의를 미루고, 결정을 보류하며, 갈등을 통과할 수 있는 시간적 여유는 권력 형성의 조건이지 결함이 아니다.

조건 4: 공론장은 사업 단위로 해체되어서는 안 된다

주민 권력은 연속성과 기억이 필요하다. 그러나 많은 주민 공론장은 단년도 사업, 단기 프로젝트 단위로 조직된다. 사업이 종료되면 공론장은 해체되고, 판단의 기억은 축적되지 않는다.

공론장이 사업 단위로 분절될수록, 주민은 매번 '처음부터 다시 시작'하게 된다. 이전의 판단과 실패는 보고서 속에 남을 뿐, 다음 판단의 자원이 되지 않는다. 주민 권력을 지키기 위해서는 공론장이 제도적 사업과 구분된 지속적 구조로 유지되어야 한다. 제도는 공론장을 활용할 수는 있지만, 공론장을 소유해서는 안 된다.

조건 5: 판단의 언어가 행정 언어로 치환되지 않아야 한다

마지막 조건은 언어의 문제다. 주민 권력은 경험의 언어에서 출발한다. 이 언어가 전면적으로 행정 언어, 성과 지표, 전문 용어로 대체되는 순간, 판단의 맥락은 사라진다.

제도와의 접촉은 번역이 필요하다. 그러나 번역은 치환이 아니라 병존이어야 한다. 주민의 경험 언어가 유지되지 않는 공론장은 더 이상 주민 권력을 형성할 수 없다.

방어선이 무너질 때, 권력은 사라진다

여기서 제시한 조건들은 주민 권력을 확대하기 위한 전략이 아니다. 그것은 주민 권력이 사라지지 않기 위한 최소 조건이다. 이 조건들이 하나씩 무너질 때, 주민 권력은 외형을 유지한 채 실질을 상실한다. 주민 권력은 제도와의 관계 속에서 항상 위험에 놓인다. 그러나 이 위험을 인식하고 조건을 지킬 때, 주민 권력은 국가의 한계를 보완하는 실질적 힘으로 작동할 수 있다.

제10장 주민 권력은 어디까지 가능한가
— 주민 권력의 가능성과 한계

'주민 권력은 어디까지 가능한가'라는 질문은 '국가 권력만큼 가능한가', '제도나 시스템을 대체할 수 있는가'라는 의미가 아니다. 국가 권력과 같이 권력의 강도나 확장의 한계를 묻는 질문이 아니다. 그것은 주민 권력이 어디에서 가장 효과적으로 작동하는가, 그리고 동시에 어디까지가 주민 권력이 개입해서는 안 되는 영역인가를 가르는 질문이다. 다시 말해 이 질문은 크기나 영향력을 따지는 문제가 아니라, 주민 권력이 작동해야 할 경계와 위치를 명확히 설정하려는 시도다.

이 장의 목적은 주민 권력을 과장하거나 이상화하는 데 있지 않다. 오히려 주민 권력이 일회적 실험이나 구호로 소진되지 않고, 현실 속에서 지속 가능한 권력으로 작동하기 위해 반드시 인식해야 할 가능 조건과 한계선을 분명히 하는 데 있다. 이러한 경계가 분명해질 때, 주민 권력은 더 이상 추상적 이상이나 선언에 머물지 않고, 삶의 세계 속에서 실제로 작동하는 권력으로 자리 잡게 될 것이다.

1. 주민 권력이 가능한 조건

주민 권력은 '삶의 문제'에서만 가능하다

주민 권력은 모든 문제를 다룰 수 있는 만능의 권력이 아니다. 주민 권력이 가장 분명하게 형성되는 영역에는 공통된 특징이 있다. 주민 권력이 다루는 문제는 첫째, 삶에 직접적인 영향을 미치는 주제여야 하고, 둘째, 표준화된 규칙으로 처리할수록 오히려 왜곡이 커지는 성격의 문제여야 한다. 셋째 판단의 결과가 관계와 일상 속으로 즉각 되돌아오는 문제여야 한다. 이러한 조건이 충족되지 않는 영역에서는 주민 권력이 쉽게 형식화되거나 상징적인 참여로 축소된다. 예컨대 거시 재정 정책이나 통화 정책, 국가 차원의 법질서와 같은 영역은 주민 권력이 대신할 수도 없고, 대신해서도 안 되는 영역이다. 이 경우 주민 권력은 의견 제시 이상의 역할을 갖기 어렵다. 반대로 돌봄, 관계 갈등, 생활환경, 지역의 변화, 공동 공간의 관리와 같은 영역에서는 상황이 전혀 다르다. 이 문제들은 평균값이나 일반 규칙으로 해결될 수 없으며, 맥락을 읽어내는 세밀한 판단이 성패를 가른다. 바로 이 지점에서 주민 권력의 가능성은 급격히 커진다. 결국 주민 권력의 가능성은 다룰 수 있는 문제의 '범위'가 아니라, 문제에 얼마나 깊이 밀착해 있는가라는 '밀착도'에 의해 결정된다.

주민 권력은 '판단이 반복되는 구조'에서 축적된다

주민 권력은 일회적인 참여나 단발성 행동만으로는 형성되기 어렵다. 주민 권력은 시간이 지남에 따라 반복되고 누적되는 판단의 과정을 통해서만 모습을 드러낸다. 여기서 말하는 판단은 단순한 의견 표명에 그치지 않는다. 그것은 무엇이 문제인지 함께 규정하는 판단, 서로 다른 이해와 경험을 조정하는 판단, 선택의 결과를 스스로 감당하는 판단, 그리고 실패를 수정하고 다시 선택하는 판단까지를 포함한다. 이러한 판단들이 동일한 주민 집단 안에서 반복될 때, 주민의 역량은 개인적 능력을 넘어 집합적 능력으로 전환된다. 이 점에서 주민 권력은 속도와 효율을 요구하는 시스템과 구조적으로 긴장 관계에 놓인다. 빠른 결정과 즉각적인 성과, 단기 평가를 요구하는 환경에서는 판단이 축적될 시간이 주어지지 않는다. 주민 권력의 가능성은 느림과 반복을 견딜 수 있는 구조가 마련될 때 비로소 열리게 된다.

주민 권력은 '책임이 환류 되는 과정'에서 권력이 된다

주민 권력은 책임이 되돌아올 때 비로소 권력이 된다. 주민 권력과 단순한 참여를 가르는 가장 중요한 차이는 책임의 귀속에 있다. 주민이 판단 과정에 참여하더라도, 그 판단의 결과가 다시 주민 자신의 삶으로 돌아오지 않는다면 그것은 권력이 아니라 경험에 그친다. 실제로 주민 권력이 형성되는 경우에는 몇 가지 공통된 특징이 나타난다. 판단의 결과가 주민의 일상에 직접적인 영향을 미치고, 그 영향은 다시 다음 판단의 근거로 축적되며, 성공과 실패가 외부의 행정이나 제도에 전가되지 않는다. 이러한 책임 환류의 구조가 형성될 때, 주민의 판단은 가벼운 발언이 아니라 신중한 선택이 된다. 바로 이 지점에서 주민 권력은 도덕적 주장이나 이상에 머무르지 않고, 현실에서 작동하는 실천적 권력으로 전환된다. 반대로 판단의 책임이 다시 행정이나 제도로 흡수되는 구조에서는 주민 권력이 축적되지 않는다. 이 경우 주민은 판단의 주체가 아니라, 결정의 주변부에 머무는 참여자로 남게 된다.

2. 주민 권력의 한계

주민 권력은 '강제력'을 발휘할 수 없다

주민 권력의 가장 분명한 한계는 강제력의 부재에 있다.

주민 권력은 법적 강제나 물리적 집행을 전제로 하지 않으며, 이는 결함이 아니라 그 고유한 성격이다. 문제는 이 성격을 무시할 때 발생한다. 주민 권력이 법 집행이나 처벌, 보편적 규범의 강제를 담당하려는 순간, 주민 권력은 스스로의 토대를 부정하게 된다. 그 결과 주민 권력은 또 하나의 행정 권력으로 변질되거나, 내부의 갈등을 감당하지 못하고 붕괴된다. 따라서 주민 권력의 한계는 분명하다. 보편적 권리의 보장, 규범의 강제적 집행, 법적 분쟁에 대한 최종 판단은 주민 권력이 아니라 국가 권력이 책임져야 할 영역이다. 이 한계를 분명히 인정할 때에만 주민 권력은 현실적인 힘으로 자리 잡을 수 있다.

주민 권력은 '확장될수록 약화된다'

한계의 두 번째 경계선은 주민 권력이 확장될수록 오히려 약화된다는 점이다. 주민 권력은 중앙집중적으로 확장될 수 있는 권력이 아니다. 주민 권력은 규모가 커질수록 강해지는 힘이 아니라, 관계가 느슨해질수록 약해지는 힘이다. 주민 권력이 작동하는 핵심 자원은 관계의 밀도, 상호 인식, 그리고 반복된 경험의 축적에 있다. 그러나 이러한 자원은 국가 단위로 일반화되거나 표준화될 수 없다. 이 때문에 주민 권력을 하나의 통일된 모델로 확산하려는 시도는 역설적으로 주민 권력의 기반을 붕괴시킨다. 이러한 점에서 주민 권력은 확장 모델이라기보다 중첩 모델에 가깝다. 서로 다른 지역과 서로 다른 삶의 영역에서 각기 다른 형태로 형성된 주민 권력들이 병렬적으로 존재할 수는 있지만, 그것들이 하나의 중심으로 통합될 필요는 없다. 주민 권력의 현실성은 바로 이 분산성 위에서 유지된다.

주민 권력은 국가 책임 전가 수단이 될 수 없다

한계의 세 번째 경계선은 주민 권력이 국가 책임을 떠넘기는 수단이 될 수 없다는 점이다. 주민 권력 담론이 가장 쉽게 왜곡되는 지점은 주민 권력이 국가의 책임을 대신하는 장치로 오해될 때다. 이는 주민 권력의 한계라기보다 명백한 오용에 가깝다. 주민 권력이 강화된다는 이유로 국가가 보편적 안전망의 유지, 최소한의 소득과 돌봄 보장, 법적 권리의 보호, 구조적 불평등의 조정과 같은 영역에서 물러난다면, 그것은 권력의 재배치가 아니라 책임의 전가에 불과하다. 주민 권력은 이러한 국가의 책임을 대체하지 않는다. 오히려 주민 권력은 국가가 삶의 모든 문제를 직접 판단하려다 발생하는 과잉을 완화함으로써, 국가가 본래 책임져야 할 역할을 제대로 수행할 수 있도록 만드는 조건으로 작동한다. 이 경계가 무너질 때 주민 권력은 신뢰를 잃고 지속성을 상실한다.

주민 권력의 가능성은 '절제된 범위'에서 가장 크다. 주민 권력은 무한하지 않다. 그러나 바로 그 유한성 때문에 현실적이다. 주민 권력은 모든 것을 할 수 없지만, 국가가 할 수 없는 것을 가장 잘 수행한다. 주민 권력은 거대한 제도를 만들지 않지만, 삶의 방향을 결정한다. 주민 권력의 진정한 가능성은 '얼마나 더 커질 수 있는가'가 아니라, '어디까지가 주민 권력이 개입해야 할 정확한 경계인가'를 분명히 하는 데 있다. 이 경계가 명확해질 때, 주민 권력은 이상이나 실험이 아니라, 새로운 권력 지형의 핵심 축으로 자리 잡게 된다.

[맺음말]

세계-내-존재로서 주민이 만드는 권력

국가의 실패가 아니라, 국가의 과부하라는 인식 전환

이 책의 출발점은 국가 비판이 아니다. 반복되는 정책 실패, 돌봄의 공백, 지역 갈등의 장기화는 흔히 '국가의 무능'이나 '정치의 실패'로 설명된다. 그러나 본문에서 반복적으로 확인하듯이, 오늘날 우리가 직면한 문제의 상당수는 국가가 실패했기 때문이 아니라, 국가가 감당할 수 없는 영역까지 떠안고 있기 때문에 발생한다.

현대 국가는 법과 제도를 통해 일반화된 판단을 수행하도록 설계된 장치다. 그러나 삶의 문제는 점점 더 개별적이고, 맥락 의존적이며 불안정적으로 변하고 있다. 이 간극 속에서 국가는 과부하 상태에 놓이고, 주민은 판단의 주체가 아닌 요구의 주체로 남는다. 이 책이 제안하는 주민 권력은 이 구조를 전복하기 위한 대안이 아니라, 과부하 상태를 완화하기 위한 권력의 재배치 전략이다.

주민 권력은 삶 속에서 판단이 축적되는 과정이다

주민 권력을 민주주의의 확장된 형태로 이해하는 접근은 충분하지 않다. 참여를 늘리고, 대표성을 보완하고, 제도를 정교화하는 방식만으로는 주민 권력이 형성되지 않는다는 사실을 이미 확인했다. 주민 권력은 민주주의의 양적 확대가 아니라, 민주주의가 작동하는 위치를 이동시키는 질적 전환이다.

시민 중심 민주주의가 제도적 판단을 핵심으로 삼았다면, 주민 중심 민주주의는 삶의 판단을 핵심으로 삼는다. 이 전환은 시민을 부정하는 것이 아니라, 시민 개념이 포착하지 못했던 영역인 존재, 관계, 취약성, 반복 등을 정치의 핵심으로 재정의하는 작업이다. 이때 민주주의는 더 이상 선거와 절차의 집합이 아니라, 삶 속에서 판단이 축적되는 과정이 된다.

주민 공론장은 권력 형성의 '엔진'이다

주민 권력이 지속 가능하기 위해 반드시 필요한 장치가 주민 공론장이다. 주민 공론장은 참여를 조직하는 공간이 아니라, 판단을 형성하고 기억을 축적하는 구조다. 경험을 말로 전환하고, 그 말을 연결하며, 선택과 책임의 순환을 가능하게 하는 이 구조가 없다면 주민 권력은 일회적 사건으로 소멸한다.

이 책이 강조한 주민 공론장의 느림, 불편함, 갈등 노출은 결함이 아니라 조건이다. 효율성과 속도를 기준으로 삼는 순간, 공론장은 다시 제도의 하위 장치로 흡수된다. 주민 공론장은 정책을 생산하는 공장이 아니라, 권력을 숙성시키는 장이다.

국가와 주민 권력의 관계는 대립이 아니라 비대칭적 공존이다

주민 권력과 국가 권력은 경쟁 관계가 아니다. 두 권력은 서로를 대체할 수 없으며, 동일한 기준으로 평가될 수도 없다. 국가는 넓은 영역에서 얕게 작동하고, 주민 권력은 좁은 영역에서 깊게 작동한다. 이 비대칭성은 약점이 아니라, 현대 사회가 유지되기 위한 조건이다.

문제는 지금까지 이 비대칭성이 제대로 인식되지 않았다는 점이다. 국가는 과도한 책임을 떠안았고, 주민은 판단의 기회를 박탈당했다. 권력의 재배치는 이 불균형을 바로잡는 작업이다. 국가는 조건 창출자로 물러나고, 주민은 삶의 조직자로 전면에 등장할 때, 두 권력은 서로를 약화시키는 것이 아니라 서로의 한계를 보완하는 관계로 재구성될 수 있다.

주민 권력은 피할 수 없는 시대적 과제다

국가의 한계 이후, 권력의 새로운 지형은 이미 열리고 있다. 돌봄의 현장에서, 지역의 갈등 속에서, 관계의 붕괴 앞에서 주민은 매일 판단하고 있다. 질문은 더 이상 '주민이 권력을 가질 수 있는가'가 아니다. 질문은 '우리는 이 판단을 계속 개인의 고립 속에 방치할 것인가, 아니면 집합적 힘으로 조직할 것인가'이다. 이 선택의 갈림길에서, 주민 권력은 하나의 가능성이 아니라 피할 수 없는 과제로 등장한다.

참고문헌

Arendt, Hannah. 1958. The Human Condition.

Arendt, Hannah. 1961. Between Past and Future.

Arendt, Hannah. 1968. Between Past and Future.

Beck, Ulrich. 1992. Risk Society.

Crouch, Colin. 2004. Post-Democracy.

Foucault, Michel. 2007. Security, Territory, Population.

Fraser, Nancy. 1990. Rethinking the Public Sphere.

Habermas, Jürgen. 1989. The Structural Transformation of the Public Sphere.

Habermas, Jürgen. 1996. Between Facts and Norms.

Harvey, David. 2005. A Brief History of Neoliberalism.

Held, David. 2006. Models of Democracy.

Lefort, Claude. 1988. Democracy and Political Theory.

Nussbaum, Martha C. 2011. Creating Capabilities.

Ostrom, Elinor. 1990. Governing the Commons.

Polanyi, Karl. 2001 [1944]. The Great Transformation.

Putnam, Robert D. 2000. Bowling Alone.

Rancière, Jacques. 1999. Disagreement.

Rosanvallon, Pierre. 2008. Counter-Democracy.

Rosanvallon, Pierre. 2011. Democratic Legitimacy.

Scott, James C. 1998. Seeing Like a State.

Sen, Amartya. 1999. Development as Freedom.

Taylor, Charles. 1989. Sources of the Self.

Tilly, Charles. 2007. Democracy.

Young, Iris Marion. 2000. Inclusion and Democracy.

주민권력과 공론장1

주민권력

세계-내-존재로서 주민이 만드는 권력

1판 1쇄 인쇄 2026년 1월 30일
1판 1쇄 발행 2026년 2월 10일

지은이 : 박태순 김경숙
발　행 : 홍기표
인　쇄 : 정우인쇄
디자인 : 이소영

글통 출판사 출판 등록 2011년 4월 4일(제319-2011-18호)
facebook.com/geultong
e메일 geultong@daum.net
전화 02 780-4534 팩스 02-6003-0276
ISBN 979-11-94546-19-1

가격 : 17,000원